Für Bettina

Thomas Mentzel

Eis essen
lyrische Gedanken

Bibliografische Information der Deutschen Nationalbibliothek:
Die Deutsche Nationalbibliothek verzeichnet diese Publikation
in der Deutschen Nationalbibliografie;
detaillierte bibliografische Daten sind im Internet abrufbar über
http://dnb.dnb.de

TWENTYSIX – Der Self-Publishing-Verlag
Eine Kooperation zwischen der Verlagsgruppe Random House
und BoD – Books on Demand

Eis essen
lyrische Gedanken

1. Auflage 2017
© 2017 Mentzel, Thomas
© Autor: Thomas Mentzel
© Cover und Illustrationen: Thomas Mentzel

Herstellung und Verlag:
BoD – Books on Demand, Norderstedt.

ISBN: 9783 7407 28397

Alle Rechte für dieses Buch sind vorbehalten und unterliegen
den Bestimmungen des Copyrights.
Jede Verwertung und Vervielfältigung ist ohne Zustimmung
des Verlags strafbar. Dazu gehört auch der auszugsweise
Nachdruck und die Übersetzung des Gesamtwerkes oder
bestimmter Passagen oder Abbildungen.

Peter Reuter,
der Versuch eines Vorworts
Für den Freund, für den Thomas ...

Ich wurde gebeten, ein Vorwort zu schreiben. Nun gut, einen Versuch soll es mir jetzt wert sein: „Vorwort". Passt das, geht es in dieser Art und Weise in Ordnung, lieber Thomas, lieber Verleger?
Formal also scheint mir diese Aufgabe folglich in geziemender Kürze erledigt. Ist sie aber wohl nicht wirklich.
Alles auf Null. Und ein neuer Versuch: Der Thomas Mentzel ist mein Freund und Kumpel – darüber und darauf bin ich ebenso stolz wie froh. Dieser Mensch hat sich vor einiger Zeit entschlossen, seine lyrischen Texte in ein Buch zu zwängen, auch einen Deckel darum hat er vorgesehen.
Kurz nach diesem Deckel ist ein wenig Platz für mich vorgesehen, damit ich zu diesem Buch etwas schreibe. Eine ehrenwerte Arbeit, über welche ich mich sehr freute – und die sich dann dadurch auszeichnete, dass sie, die Arbeit und ich mir das Drücken davor leichtmachten. Heute aber bin ich fällig, deutlicher als deutlich fällig.
Alle habe ich sie gelesen, es sind mehr als 200 Seiten geworden. Der Mentzel, der Thomas, er schrieb alle miteinander. Und trotzdem dachte ich beim Lesen dauernd: Woher weiß er das alles von mir? Wer hat ihm dies alles gesagt? Warum hat er mich nicht gefragt, als er dieses Buch zusammenstellte und derart viel von mir und über mich erzählte? Der Thomas, der Bär, die Kante von einem Mann, dieser spöttisch-ironische, große und kräftige, lächelnde, kluge und emotionale und streitbare und kämpferische und witzelnde, provokante und verletzlich-gefühlvolle, romantisch-sensible Freund, er denkt vermutlich im Traum nicht daran, diese meine Fragen jetzt real in echt ernst zu nehmen oder gar darauf zu antworten.
Sie merken also zu Recht, ich bin alles andere als objektiv. Auch das feingeschliffene und ebenso formulierende Auge eines Kritikers fehlt mir. Darüber bin ich aber sehr froh.

Neben mir, zumindest bilde ich es mir ein, habe ich auch den Thomas gefunden und gelesen, wie ich ihn kenne, schätze und einschätze.

Im Traum denke ich nicht daran, hier an dieser Stelle aus seiner Lyrik, aus den poetischen Gedanken zu zitieren, um sie damit sie auf die sprichwörtliche Waage des Empfindens zu legen. Das sollen sie schon selbst tun.

Haben sie vielleicht das große Glück, sein wunderbares Gedicht „Manchmal" live während einer Lesung auf der Bühne oder als Mitschnitt zu hören, dann fliegt ihnen der Hut weg. Dafür garantiere ich.

Diese melancholische und suchende und kräftig leise Stimme findet den Weg zu den Empfindungen eines Bären, der sich dazu entschlossen und vorgenommen hat, die Menschen zu lieben.

Er hält es durch. Von der ersten bis zur letzten Seite, Zeile. Sie werden es sehr schnell bemerken.

Die Empfindungen, die Menschen, die Träume, das Wollen, das Verlieren – er muss mich und mein Verhalten mehr als lange studiert haben – oder ich bin ihm ähnlicher als ich denke.

Dies ist keine Schande, wirklich keine Schande. Thomas ist ein warmer und ein kluger und ein melancholischer und ein emotionaler Schreiber der ganz besonderen Art.

Das beste Buch eines Bären, welches ich je gelesen habe.

Herzliche Grüße
Ihr Peter Reuter

Über Peter Reuter:
Schreibt Satiren und ähnliche Wahrscheinlichkeiten. Bis 2014 Mitherausgeber der WORTSCHAU, welche er mit Wolfgang Allinger gegründet hat. Peter Reuter war Stadtschreiber in Bad Bergzabern und ist aktuell Mitglied des Vorstandes des Verbands deutscher Schriftsteller in Rheinland-Pfalz. Ferner gehört er dem „Literarischen Verein der Pfalz" an. Er arbeitet unter anderem für das Radio und veröffentlicht auch fleißig im journalistischen Bereich. Mit seiner Familie lebt er in der Südpfalz.

VORLÄUFIGES ERGEBNIS

Bin gesprungen und gerannt
habe gelacht und getanzt
habe Seifenblasen in die Luft gepustet
habe so manches Kraut gekostet
habe Traumschlösser gebaut
habe Schokolade und Lakritz gekaut
habe am Meer auf Sand geschlafen
habe auf Parkett Lackschuhe getragen
habe Gedichte gelesen
habe Geschichten geschrieben
bin bestimmt nicht der Alte geblieben

KURZER AUFENTHALT

Wie Intercityzüge
rasen manche Tage
durch die Jahre
und ich denke mir

jetzt einfach einmal die Notbremse ziehen

anhalten,
zur Tür gehen, aussteigen
auf den Geleisen ganz tief Luft holen
den Geruch von
Wald
Erde
Asphalt
Staub
inhalieren
tief in mich einsaugen
die Welt auf mich wirken lassen

jetzt einfach einmal die Notbremse ziehen

ganz gemütlich wieder einsteigen
den Schaffner fragen
was los ist
den warmgesessenen Platz
im Abteil wieder einnehmen
und mich über die Verspätung freuen.

An diesen Tagen sehne ich mich nach der
alten Dampflok und meiner
Spielzeugeisenbahn.

MOMENT

Da sitze ich nun
in meinem Glück
mit meinem Glück

Festhalten mag ich es nicht
nicht falten
schon gar nicht einrahmen
nicht einpacken
um es dann
vertrocknet, konserviert
bei einer anderen Gelegenheit
wieder hervorzukramen

Also sitze ich nun
in meinem Glück
mit meinem Glück
Versuche es
zu tasten
zu schmecken
zu sehen
zu riechen
zu hören
(wie es durch die Windungen meines Hirns rauscht)
und es ganz tief in mich hinein zu saugen

So bleibt es
als flüchtiger Moment
doch ein Stück von mir

WOLKENSPIEL

Weshalb
sollte ich nicht
nach den Wolkenbällen greifen
mit denen der Wind
an diesem sonnigen Tag
meilenweit
vor dem Horizont sein Spiel treibt …

Zu hoch sind sie?
Zu weit?
Unerreichbar?

Aber meine Seele
bekommt Flügel,
weil Sonnenstrahlen
soeben
meine Nasenspitze kitzelten

OPTIMISMUS

Sehr zuversichtlich steht die Sonne
morgens im Osten auf.
Erstaunt wandert sie in den Süden
um dann
fassungslos auf den Westen zu sehen.
Bestürzt legt sie sich am Abend im Norden schlafen
und überlässt die Nacht dem Mond.
Dem ist egal,
es ist dunkel und er kann nichts sehen.

Die Sonne jedoch
diese ewige Optimistin
begibt sich am kommenden Morgen auf die gleiche
Reise.

"Solar" Serie-A-Typie, 30x30cm

Ein Buchenblatt

Soeben
fiel ein großes
buntgefärbtes Blatt
aus der Buchenkrone
vor unserem Haus

versonnen blickte ich ihm hinterher
derweil mit mir darüber philosophierend
ob der Herbst in diesem Jahr
recht bald kommt um
einen durchnässten Sommer abzulösen

ob wir überhaupt einen Sommer hatten
und wenn
ob nicht weitaus
eher der Frühling Sommer war
oder auch,
dass, wenn Blätter so früh aus Wipfeln fallen
uns vermutlich ein recht strenger Winter
mit viel Eis und Kälte droht

indessen ich also
in diesen Anblick versunken
einen jahreszeitlich angepassten
wetterphilosophischen
inneren Dialog hielt und mir dabei
keine Antwort schuldig blieb

torkelte und taumelte das buntgefärbte Blatt
weiter unbeirrt, schwerkraftgefügig
der grauen wartenden Straße entgegen

und ich dachte mir,
dass sicherlich niemand
in der Lage sein wird
seine Flugbahn zu berechnen

als ein leichter Windstoß
das Blatt nach unten beförderte
wo es sogleich von einem
angerosteten, roten, rasenden
alten Passat überfahren wurde.

soeben
fiel ein großes, buntgefärbtes Blatt
aus der Buchenkrone
vor unserem Haus

Ich glaube
dieser Winter wird uns früh Schnee bringen

UNENTSCHLOSSEN

Unentschlossen stehen wir zwischen Jahreszeiten
einen Fuß bereits fest im Winter
der andere tastet sich den Sommer

kahle Äste fressen sich an
unsren Argumenten grün
Worte leuchten in die Morgenröte
widerwillig hören wir von China
lesen dunkle Worte aus Afghanistan

Zögernd,
stotternd überlege ich
die Sonne aufzugeben
stell mich vor die Stadt
seh´ von dort:

die Regen strömen

ABENDROT

Ach,
solche Tage
an denen sich die Wohnmaschinen
nicht einen winzigen Schritt
von der Stelle bewegen

Und
diese Bedeutungen
so ganz ohne Ansehen der Dinge

So möchte ich
wohl ewig
hier sitzen

FRÜHLING

Frühling,
alter Schelm im grauen Kittel
ich weiß zwar,
dass du gern mit blauen Bändern wedelst
und hörte auch
du willst mit Veilchenduft
die Luft veredeln
doch schaue ich gerade jetzt
aus meinem Fenster
und frag´ mich
wo du dich versteckst
da kommt mir eine leichte Ahnung:
du sitzt beim Bier im Heizungskeller
spielst dort mit dem Winter Skat.

SELTSAME BEGEGNUNG

Vorhin setzte sich
im Stadtpark
eine reichlich dralle Regenwolke zu mir auf die Bank

Sie sah mich ein wenig spöttisch von schräg
unten links an
holte tief Atem
und während ich auf einen
anständigen Guss zur Begrüßung wartete
hob sie zu sprechen an

Irgendwie, so meinte sie
ist es ganz schön langweilig heutzutage
die richtigen Abenteuer
lauern nicht mehr hinter den Ecken
obwohl sie als Wolke
habe mit Ecken sowieso immer Probleme
und würde jene deswegen meiden
außer wenn es einmal wieder Zeit ist aufzureißen

Aber, meinte sie weiter
sie könne sich gut erinnern
an die mageren Zeiten
im vergangenen Sommer
als die Sonne
diese eigenwillige Diva
sie und ihre Schwestern

mit goldheißen Lanzen verfolgte
und sie sich als Nebel zwischen Hügeln
und über Flüssen verstecken mussten

dagegen sei nun alles ziemlich entspannt
regnen und regnen lassen
das ist die Devise
und schließlich müsse sie nicht immer und jederzeit
alles alleine erledigen
es gäbe genügend andere

Vorsichtig schielte ich nach oben
und wirklich versammelten sich dort
ganze Wolkenformationen
zu einer düsteren Deckenarmee

so wollte ich erschrocken aufspringen
um trockenen Fußes nach Hause zu kommen
doch die Wolke sprühte beruhigend ein paar Tropfen
in meine Richtung
um mir damit zu sagen,
dass es nicht eilt.

Also dachte ich mir
ich könnte der Wolke
vielleicht einen Schluck Cola
alternativ einen Kaffee

denn mit Wasser pur hätte sie es sicherlich und gewiss
nicht und ein halbes Brötchen oder wenigstens
einen Apfel als Wegzehrung anbieten

doch sie winkte ab und
meinte
jetzt müsse sie weiter
vielleicht jedoch könnten wir
uns wieder einmal auf dieser Bank treffen
schon war sie unter ihresgleichen verschwunden

Ich ging ebenfalls
und just in dem Moment
als ich mich darüber verwunderte,
dass eine Wolke neben mir gesessen
und mit mir gesprochen hat
begann es ganz erbärmlich
zu regnen

Jetzt bin ich mir nicht mehr ganz sicher
war es wirklich eine Wolke
oder nur ein seltsamer Tagtraum

Grün, schwarz-weiß gemalt

Wenn uns nun der Abend dämmert
löschen wir das Licht aus Früchten.
Vor uns weiten sich Felder
und wir sehen Tage
zu Wochen, zu Monaten
zu Jahren wachsen.

Die Erde dreht sich in langsamem Tanz
schäumt Wellen hinter verschlossene Lider
Abendschatten treffen sich
auf eine letzten Tasse Kaffee

Gleich singt der Tod
sein monotones Lied
aber wir setzen uns
an einen beladenen Tisch
und speisen. Voll Inbrunst.

Wer will denn wissen
ob nicht gerade dieser Baum
dessen Blätter heute fielen
bereits morgen fällt?

Wir jetzt nicht …

MELANCHOLIE

Ein Himmel
aus grauem, ausgefärbtem Leinen
vollgesogen mit brackigem Wasser
malt schlierige Tropfenbilder
in herbstliche Tage.

Beiläufig
sprenkelt angestaubter Regen
Rinnsale über Fenster
Straßen und unsere Köpfe,

Beiläufig
schieben sich traumverhangen
wässerige Wolken in die Nacht
über der Stadt

Beiläufig
krakelt der
der letzte Passagier im Mitternachtszug
ausgefranste Schemen
auf Servietten im Speisewagen.

Ich aber
schnippse mir
mit Daumen und Zeigefinger
einen klagenden Blues

GÄNSEBLÜMCHEN

Das Kinn in die Handflächen gelegt,
die Ellenbogen fest in einer klitschnassen Wiese
vorderfrontal nass und grün
aber:

sie sind es wert
ihnen mehr als nur Unachtsamkeit
zu schenken
zu beobachten – zu lauschen

sich in ihre kleinen Pantomimen zu versenken
und ihren steten Hunger nach
Leben, Licht, Luft und Wasser zu begreifen

wenn es mir gelingt
sie zu verstehen
werde ich
ihnen vielleicht
ein Gedicht
schreiben dürfen
einstweilen jedoch
muss ich mich bescheiden

bin einfach
nur glücklich,
dass es sie gibt
die Gänseblümchen

DER TRAUM

Manche,
wenige dieser Herbsttage
machen es möglich:

durch warm atmende Wälder laufen
auf gepolsterten Wegen
Sonne atmen

Und wenn sich
am Wegrand
farbige Blätter häufen

dann
eines davon nehmen
sanft die Träume an den Stängel binden
und es übermütig in die Luft werfen

so wird er wahr:
Der Traum vom Fliegen!

Gefundene Antwort

Am Ufer
fand ich Deine
Antwort

Du schreibst
von einem Dach
in unserer Zeit
von gläsernen Mauern
mit steinernen Türen
und hölzernen Fenstern
zum Schutz
für uns beide

Lass uns in den
Tag träumen
was schert uns
die Sicherheit,
wenn Sehnsucht und Verlangen
uns am Boden festhalten

das Dach
die Mauern
die Türen
die Fenster
was nutzen sie uns,
wenn in der Wüste keine Oase ist

"Nach dem Gewitter" Serie-A-Typie 32x20cm

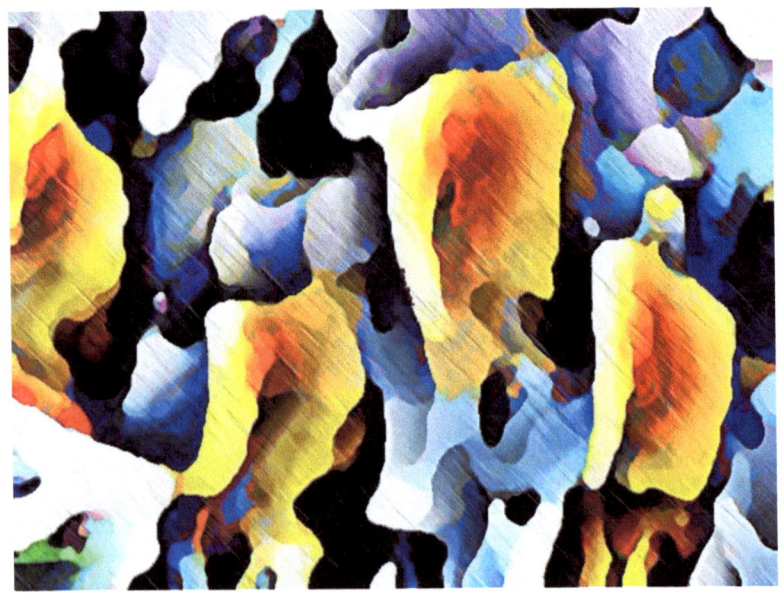

NACH DEM GEWITTER

Nach einem Herbstgewitter
fliegen schlohweiße Wolken
im azurblau der Unendlichkeit
hoch über unsere Erde hinweg

anschmiegsam
liebkosend
schmeichelnd

Gerade so als bitten sie
um Verzeihung für alles
was ihre dunkelgrauen Schwestern
den patschnassen Böden angetan haben

KAFFEEZEIT

Während eine Spinne
sorgsam und gewissenhaft
den Zeiger meiner Sonnenuhr verpackt
mache ich mich auf den Weg:

Im Waldboden warten zwischen Farnen
eingefrorene Blitze
auf den Sammler

Der Boden leuchtet
nur das Land liegt stumm

Doch!
Vereinzelt hocken Gaukler hinter Zäunen
ihre Feiertagsgewänder hängen in angenagten
Baumkronen
unerhörte Dichter schweigen träumend
der Prediger wickelt sich in seinen Pelz.
Frierend, aber:
in stillem Dialog mit seinem Selbst

Ich lege einen Funken in meinen Korb
während die Spinne
immer noch
oder ungeachtet dessen:
schon wieder
sorgsam und gewissenhaft
den Zeiger meiner Sonnenuhr verpackt.

ANGEBROCHEN

Mit dem Mittag
tanzen silberne Pudel
über den Himmel
und im Horizont
streuen Krähen
grüne Körner in die Bäume
währenddessen – dazwischen
hagelt es Licht aus der Sonne

Ich steh mir vor dem Weg
suche unter quadratischen Hecken
ein ausgebrochenes Stück meiner Zeit
und führe meine Grashüpfer spazieren

Ende – Anfang oder ...

Der Blick über die Schulter
zeigt letzte Spuren des
Sommers
Stimmung verbeißt sich in
Argumente
Worte wandern

Abendstimmung
aber irgendwo ist immer ein Krieg
von Blatt zu Blatt
von Mund zu Mund

Lasst uns die Sonne verabschieden
mit einem großen Fest
unter den zerfledderten Apfelbäumen

Noch einmal geht
der Nachbar mit der Rasierklinge
über seinen Rasenbart

Unter uns zeigt sich
die Stadt im Fadenwurmregen
ihr Make-up bröckelt und bröselt

Zeit für den Winter
und für ein neues Fest

Lost in September

Goldene Blätter
tanzen lautlos
über den Boden
färben braun
laugen aus

Wie schwarze Grafiken
Scherenschnitte
schieben sich Bäume
gegen Himmel
vor die Sonne

Der Sommer ist gestorben
und wird vom Herbst
zu Grabe getragen.

Nur die Eichhörnchen
toben respektlos
durch das Laub
rascheln unvorsichtig

Aber sie lassen sich nicht fassen.

GEWITTER

Heute Morgen
blieb das Licht auf den Hügeln
vor den Bergen
über dem Fluss stehen
gerade so
als gehöre es dort hin

Bevor es hier jedoch
festwachsen konnte
kam eine aufgeblähte Wolke
stach sich am Licht
und zerplatzte
mit lautem Knall

Und das Licht wurde
mit dem Fluss
fortgespült

AUFBRUCH

Hin und wieder morgens
finde ich mich
während der Spiegel im Bad
mir mein Jungengesicht schenkt

Dann glänzen die schwarzen Perlen
in meinen Augen
verdächtig nach Aufbruch

ich greife nach den Flügeln
meiner Gedanken
um mit sanftschnellen Schlägen
in den Horizont zu schweben

Dort
lache ich mit den Föhren
schlage Salti durch Wolkenmatten
wage Tänze mit Silberpappeln
pfeife mit dem Wind auf meinen Fingern
verstecke mich in Birkenwipfeln
werfe Sonnenspitzen auf die Erde

Und
wenn jetzt die weißen Pferde
galoppieren
winde ich dir eine Krone aus
Gänseblümchen und Löwenzahn

VORWÄRTS

Vor dem Fenster
träumen Regentropfen
friedlich glitzernd
auf den Dächern
Stille

In mir schiebt ein
Sturm
dicke Hagelschwaden
an verwitterte Mauern
es reißt
es zerrt
es schiebt
es donnert kracht und blitzt an allen
abgeschabten Ecken

Die Regentropfen werden im
Morgenwind trocknen
Der Sturm in mir?

soll bleiben
soll mich treiben

Willkommen

Beendet wurde die Nacht
von einem Abend
der vieles versprechend eine
strahlende Decke aus Licht
ins gewachste azurblau legte.

Vereinzelte verwirrt-verwirrt Pudel spazierten
über gehaltenes Himmelsblau
bewahrt an dunkelseidenen Leinen.

Hinter Leuchtfeuern von
McDonalds, Aldi und Lidl
spiegelt sich Aussicht auf
große Freiheit in aquaresk
bepflanzten Schaufenstern der
Dessousbäckereien und Brotboutiquen.

Verschämt öffnet unser Bahnhof
seinen Geigenkasten, trillert
Hoffnung perlende Noten in die Gesellschaft,
während winkende
Polizisten Startphasen und
Landevorbereitungen der Vogelschwärme regeln:
Dem anarchistischen Chaos ein Ende gebieten.

Gleichzeitig stolzieren hier Luxuslimousinen
durch das Blattgrün angeknabberter Bäume.

Ich greife meinen Hut
um im flanierenden Müßiggang
der Nacht ein paar Träume aus
Gesichtern zu schälen.

Wieder zu Hause!
Zufrieden lächelnd atmet die Stadt
mich ein und heißt mich mit festem
Druck in ihren Armen willkommen.

MAIKÄFER

Jetzt bin ich es leid:

Wenn mir nur noch ein einziges Mal träumt
ich sei ein Maikäfer und fliege in der Mittagshitze
über ein Erdbeerfeld
gerade einmal hundert Meter vom
Rheinufer entfernt

dann

träume ich mir gleich dazu,
dass ich ein Habicht bin
den Maikäfer
aus 60 Meter Höhe sehe
mich auf ihn herunterfallen lasse
ihn mit einem einzigen
Bissen verschlucke
und wieder aufsteige.

Und danach wird es endlich vorbei sein
mit der Maikäferfliegerei in der Mittagshitze
direkt über einem Erdbeerfeld.

Der Sommer kommt

Blütezeit,
Blüten blühen
weiß, rosa, rot, blau, gelb,
ein farbiger Ozean schwemmt über die Äcker
breitet sich aus

Nebenan,
wie der Damm
eine Straße
und fast unbemerkt im Graben
knapp vor dem eingerosteten Zaun
zwischen Büschen und Nesseln
krustig
scheckig
gefleckt
von Gräsern bedrängt
setzt sich ein scheidender Baum
ein letztes Mal
seine Krone auf

Blütezeit,
Blüten blühen
weiß, rosa, rot, blau, gelb,
ein farbiger Ozean schwemmt über die Äcker
breitet sich aus.

Suchend

Während
ich noch
nach mir suche
fühle ich mich bereits

Wie eine
zerbrochene Vase
aus kleinen Stücken
zusammengepuzzelt
noch nicht geklebt
durchlässig
Craquele
Fugen
und jede Bewegung
lässt mich
klirren
vor Angst
auseinander zu fallen

Ich spüre aber
bereits deutlich:
die Wintersonne
versucht mich zu
wärmen

HEIMKEHR

Vor mir rollt sich
Landschaft in ein Relief aus
Streichholzschachteln
wie ein Teppich breitet sie sich aus

wundgesehene Augen trommeln
auf umgekehrten Steinen den Takt
zum deutschen Sonntagsfrieden
und warmgraues Gewölk hängt über Autobahnen
erlegte Igel und Kaninchen am Rand

hier teilen Nebeldecken die Welten
in Unter- und Oberschicht
sitzen selbstzufriedene Nachbarn in
Türstöcken und besprechen
Nachrichten des Tages

manchmal ein Ticken
feines Kratzen
schamlose Maulwürfe heben
vorsichtig ihre Köpfe aus den Höhlen
und in Garagen nagen Kabelschlemmer
sich Winterspeck an.

EIN TAG

Der Morgen liegt wie hingerotzt
Tag wächst wie Gras unter meiner Sohle
Zu schnell vergrünt
Geschnitten
Getrocknet
Gestapelt und abgelagert.

Während Robbie Williams
Aus meiner Dudelkiste plärrt
Blinzelt Mittag seinen Kommentar.

Schwarze Vögel sitzen auf dem Draht
Dämmerung schlägt auf ihre Flügel
Die Zeit verschenkt
Müßiggang
Verbummelt
Vertrödelt
Und nicht erlebt.

AUSSICHT

Wir
hoch droben
im Zentrum des Gebirges
einbezogen
in das vor uns
aufgeblätterte Land

begreifen das Stück
nicht zu Ende
überdauern tapfer
in unserem Mut
zu angefangenen Sätzen

STURMWIND

Meine Wünsche
und Träume werfe ich
über das flache Land vor den Bergen

achte jetzt darauf
wie sie vom Sturmwind getrieben werden
im Luftzug torkeln, taumeln, fliegen
dann beobachte ich sie mit glühenden
Augen
folge ihrem Weg so lange
bis sie niederfallen

hier
werde ich sie einsammeln
und Dir schenken

SOMMERREGEN

Den heißen Tag
besiegelt heut´ ein warmer
Sommerregen
er kam auf einen Schwatz
und tanzte mir übers Fenstersims.

Zwischendurch ein leises Klagen
und ein stiller Mollakkord
als würde Fügung
durch die Töne gleiten.

Als hätten unbemerkt
sich Leidenschaft und Furcht des Tages
in tröpfelnder Gespenstermelodie verfangen
und schwingen nun und singen in die Nacht.

PLITTERSDORF

Beinahe Abend
setze ich mich auf meinen Schatten und schalte die
Sonne aus aber sehr langsam
bis mein Schatten im Grau der Bank verschwimmt

Ein zerstreuter Windzug schiebt mir den Rhein unter
die Nase Sommersprossen sammeln sich
vor meinen Füßen als der Wegerich gerade nach einer
flotten Gänseblumendame Ausschau hält

Kurz wedelt sie mit ihrer Blüte
bevor
aber
jedoch:

Jetzt pfeift der Löwe aus dem letzten Zahn
im Zaun trommelt ein König
dem Specht sein buntes Solo
die Zeit verwelkt heiter dem Dunkel
so laufen der Worte fließender Strom
gedrosselter Spott

Blumen ringeln sich in den Morgen
während ich mich auf der Bank finde
und behutsam die Sonne einschalte
die Bank erstrahlt in sattem Schwarz

DIE RABEN

Abends,
vor den sonnenuntergangsbestrahlten Dächern,
fallen demonstrierende Raben
in sattes Vorgärtenkirschbaumgrün,
krächzen missgestimmt, schlecht gelaunt,
aber in disharmonisch-einigem Chor
ihren Protestgesang gegen die
Entfernung des Tages
in meine Ohren.

Mit dem triumphierenden Einzug
der Dunkelheit verstummen sie.
Nur vereinzelt nehme ich ein schnarch ähnliches
Geräusch wahr, während ich in der
Höhe meines kühlen Balkons
bei einem Glas Wein sitze und warte.

Morgens,
aufgeschreckt durch den Weckruf einer Amsel,
erheben sich die gleichen demonstrierenden Raben
vor den sonnenaufgangsbestrahlten Dächern
aus sattem Vorgärtenkirschbaumgrün,
krächzen missgestimmt, schlecht gelaunt,
aber in disharmonisch-einigem Chor
ihren Protestgesang gegen die
Störung ihrer Nachtruhe.
Ich aber sitze weiterhin in der Höhe
meines kühlen Balkons und warte.

GESCHICHTEN

In der Nacht, wenn Türen schlafen
in ihrem getrockneten Holz der Wald rauscht
Schränke ihrer Wurzeln gedenken
Dielen sich ächzend an die
schmerzende Kreissäge erinnern
und Stühle ihr liebevolles Andenken
an schubbernde Wildschweine pflegen

in der Nacht
nehme ich mir ein Bier,
setze mich gerne zu ihnen,
erzähle und höre zu
lasse mich gut unterhalten
träume mit ihnen von der unendlichen Freiheit
und wundere mich nicht, dass sie
meine Sprache sprechen und verstehen
dialektfrei beschnitten

und wenn ich dann
in der Nacht
nach einem Streichholz greife
um mir eine Zigarette anzuzünden
dann höre ich auf ihr warnendes Klagen
und suche in all meinen Taschen
nach dem billigen Einwegfeuerzeug
damit ich ihren kleinen Bruder nicht verletze.

OPEN-AIR

Wie seltsam hell jetzt noch
die Welt im Mondlicht schimmert
Wolken malen Traumgespinste
Durch die Berge überm Fluss

Erste Blitze zucken
dumpfer Donner grollt
bereits an meinen Ohren

Gleich ein open-air Konzert
Aus Hitzewolken
Faszinierend? Schrecklich?

Kommt aus den Häusern
Seht, hört's euch an
Zum Schlafen ist am
Tag genügend Zeit

AM FENSTER

Die Kakteen haben ihr Lager
vor meinem Fenster
Dort machen sie es sich
den ganzen Tag über bequem,
trinken Licht und werfen
kräftige Schatten durch den Raum

Hin und wieder, kurz bevor die Sonne
sich vom Mond in die Knie zwingen lässt,
senden sie einen dunklen Gruß
zum Ficus neben der Tür.

Und manchmal, an Tagen wie diesem,
hocke ich mich zu ihnen, trinke ein Bier,
während sie, die Abstinenzler,
von mir ein gutes Mineralwasser
kredenzt bekommen.

Sie erzählen mir die alten Geschichten ihrer Ahnen.

Ich lausche, höre und horche
und habe so viele Fragen.
Aber Antworten geben sie keine!

"Herbst über der Baude" Serie-A-Typie 20x32cm

ABENDSTIMMUNG

Der Mond
schlägt
Purzelbäume

Während
ausgeträumte Träume
irgendwo
friedlich
zwischen Horizont und Bach
grasen…

Ein Goldfischteich
wäre
jetzt gut
gegen
den Durst…

Doch
schmeckt diese Brühe
wahrscheinlich sehr schal…

INTERMEZZO

Ich
durchwandernd die Vorstadtstraßen:

ehrenhafte Anwesen
voller gestopfter schlichter Bürgerlichkeit
streifend weiß gestrichene,
makellose Umhegung, Zäune,
sind die Begrenzungen keimfreien Lebens
Familien wohnen in Brutkästen
trauter Viertsamkeit
aber irgendjemand rasiert gerade seinen Rasen

ich
durchwandernd die Vorstadtstraßen:

ehrenhafte Anwesen
voller gestopfter, schlichter Bürgerlichkeit
streifend dumpfe, taktlos
präsente Töne
Prügel gibt es nur im Keller hinter
den dreifach verschlossenen Türen
während der Fernseher aus dem Off dröhnt

ich
kenne diese alte Leier und kehre zurück
zurück in die verkeimte Stille
in die resonanzfreie Isolation.

Schalte den Sender ein
spendiere meinen Trommelfellen Töne
wähle Verheißung, Plauderei, Worte,
Töne, – die mich begreifen, erfassen
und hoffe darauf.

Für einen kurzen Augenblick
falle ich kurz vor dem kommenden
aus meiner verschlafenden Wolke
zurück in die Vorstadtstraßen
ehrenhafter Anwesen
gestopfter schlichter Bürgerlichkeit

WACHSEND

Irgendwo in mir
ich weiß gar nicht genau wo
vielleicht in dem großen kleinen Winkel
hinter den Rippen
schräg links über dem Magen
schräg rechts unter dem Herzen

wachsen beharrlich Lilien, Lotus und Aprikosen
aber auch
Gänseblümchen, Löwenzahn und Äpfel

ich bin ein Kraut
vielleicht bin ich Bärlauch
vielleicht ein Wegerich
aber in dem ganzen Kraut
zwischen Gänseblümchen, Löwenzahn, Äpfeln
Bärlauch und Wegerich
entfalten sich selbst im Winter
Lilien, Lotus und Aprikosen

und wenn Du nicht bei mir bist
etwa zum Job
oder gerade einkaufen

und ich offenen Auges vor meiner Tastatur sitze
in Gedanken versunken schlafend schreibe
dann bekommen Lilien, Lotus und Aprikosen
Dein Gesicht

MONTAG

So – so
Der dort bin ich

Aufgewacht und
ein strahlend weißes Laken hat sich zwischen
die Bäume gewickelt bedeckt dort die Wiese
und unter meine Nase
fröstelt der Spiegel

Zwei Augen gucken mich
aufmerksam an;
heute ist Montag

Aus irgendeinem Kamin
dünsten friedlich Holzscheite
in mein Fenster

Ruhe, illusionär mit der Welt verbunden
kaum zu hören
ein Hauch von Stadt weht über den Schnee
geradezu ein Huschen
aber:
mit einem gelassenen Lächeln wacht die Sonne auf

Angenehm ist es,
nur ein winziges Element dieser Welt zu sein

SCHADE

Wäre
ich ein Clown
sammelte ich Augenblicke
aber
ich bin ein
Träumer
und sammle Seifenblasen

Doch
ausgerechnet jetzt,
wo ich Dir meine
Sammlung zeigen möchte,
ausgerechnet jetzt
habe ich sie wieder einmal verlegt.

Schade

DREI TAGE

Der Flieger
hinterließ lediglich einen
Kondensstreifen im azurblau
hier jedoch blieben
Zuversicht und Besorgnis

Hinter den
frisch dekorierten Scheiben
bemühen sich Puppen
zaghaft um ein
wenig Existenz und Inhalt

Noch zogen
harte salzig leere Spuren
durch fahle einheitsgraue Stadt-Gesichter
zeigten frisch verkennbar
Besorgnis und Zuversicht

Drei Tage nur
Sprachlosigkeit voll Stille
lediglich der Kondensstreifen im azurblau
füllt sich mit
Farbe und Inhalt

HALB SECHS IM STADTPARK

Behutsam hat
ein Tau
Kiefern mit
Nadeln behängt

Langsam tropft
klebriges Harz
rissige Borke herunter
wird Bernstein

Doch bis dahin dauert es
noch ein paar Jahrtausende
ich habe Zeit
und so hole ich mir beim Stadtbäcker
eine Tüte Brötchen und
lege mich anschließend noch einmal schlafen

EBBE UND FLUT

lichtzerstörend
frisst sich ein
schwarzes Nichts
über Häuser

hängt träge und satt
vor Horizonten
beißt dort Schatten
gibt sichelndem Tod
die Gelegenheit
unauffällig zu arbeiten

Bevor:

über den Häusern
ein schwarzes Nichts
verdauend
einen neuen
grauen Tag auspresst.

"Nachtflug über der Eifel" Serie-A-Typie 30x30cm

Kein Gedicht

Sommerregen rauscht
vor dem Wind über die Blätter

Gott trägt einen dicken Vollbart!
Oder warum sehe ich keine Sterne?

Mauersegler spielen Versteck
unter den Rinnen von Dächern

Gott trällert ein Volkslied!
Oder warum ist die Stille so laut?

Regenwürmer bohren Löcher
neben den Wurzeln der Pappel

Nein, ein Gedicht ist das nicht,
aber jetzt ist es geschrieben
und was soll´s

ICH BIN SO FREI

„Ich bin so frei",
sagte die Meinung
und hing sich zum Lüften
an den höchsten Kirchturm des Ortes.
Dort flatterte sie fröhlich im
sich drehendwechselnden Wind.
Als jedoch der Regen kam,
wirkte sie reichlich berieselt

Windkanalgeprüfte Meinung
ohne Ecken, keine Kanten
glatt, rund, griffig, erlaubt
energiesparend, schnell zur Hand
den Zeiten angepasst
täglich runderneuert
schicklich für alle Geschmäcker
passend für jeden Kleingeist

willkommen den Bürgern
frenetisch gefeiert beim Spießer
das ideale Mitbringsel
für alle Gelegenheiten
selbst als ein Geschenk aus dem Urlaub
für die lieben Verwandten
wird sie gerne als Souvenir mal eben
auf die Schnelle in die Reisetasche verpackt

genommen im Stücken
genommen in Scheiben, portionsweise
oder in der preiswerten Familienpackung
dem jeweiligen Bedarf angepasst,
geglättet, geraspelt, gesägt, gefeilt und geschliffen,
entsprechend für Große
selbstredend ebenso für die Kleinen

Windkanalgeprüfte Meinung
getestet im täglichen Gebrauch

Ecken und Kanten befreit
faltenlos, geölt, handgerecht, genehmigt, rechtlich gestattet
problemlos zu packen in winzige Bröckchen
homöopathische Dosen

„Wir haben noch eine kleine Meinung für Sie
in Hitparaden erprobt
für jede Karnevalsfeier passend
direkt zum mitschunkeln geeignet
boulevardzeitungs- und fernseherprobt
Dürfen wir Sie einladen?"

Und wo, frage ich mich nun,
Wo bitte, – bleibt dort der Verstand?
Er wurde berieselt und ist daran ertrunken

ASKESE

Wie eine
Epidemie
schleichend,
sich überall
einnistend
grassiert sie:

Die große Einfachheit
Die
Denk-Askese

Neben der brisanten,
akuten
finden wir verstärkt
immer öfter
Spuren der
latenten
chronisch-bleibenden
Denk-Askese.

Von wem lassen
Sie
denken?

Geschmackvoll gekleidet

Das passende
Jäckchen aus
Täuschung und Heuchelei
bleibt immer
modisch geschnitten

schließlich ist es auf
Maß geschneidert
für das Ego
seines Trägers

zeitlos elegant
kleidet es bei Tageslicht
oder Nachtlaternen
und lässt sich
(bei Bedarf)

in jeder handelsüblichen Waschmaschine
neu einfärben.

ROBESPIERRE

Robespierre, – das war damals auch so einer
„Erst mal Kopp ab,
– fragen können wir dann später immer noch"
Ein rechter Demokrat eben, alle Macht dem Volk,
nieder mit dem Adel.

„Ja,", sagte unser Innenminister kürzlich
als das Gespräch auf die Französische Revolution kam
„Stimmt, Robespierre hat es schon richtig gemacht:

Nicht lang schnacken
Kopp vom Nacken"

Ich weiß auch nicht, warum ich gerade jetzt an
Karneval denken muss
Und damit an die französische Revolution
Oder anders herum

Elf ist meine Eselsbrücke

Am elften im elften beginnt der Karneval
Und die Revolution
Elf – ja, richtig,
Egalite + Liberté + Fraternité

Und bei den Pappnasen in unserem Parlament
Fällt mir immer Karneval ein
Tscha, damals, dass waren noch Zeiten

Die Guten waren gut, die Bösen waren böse
Und wenn die Guten mal böse waren, dann blieben sie trotzdem gut
Eben, weil sie die Guten waren,
während dagegen die Bösen immer böse blieben,
egal, wie gut sie waren Kleines Beispiel gefällig?

Da gab es zum Beispiel den Maquis de Richemonte
Uralter Hochadel,
also nicht irgend so einer,
so´n hergelaufener Neu-Maquis,
so´n gekaufter, oder vielleicht
so´n Kriegsgewinnler,

Nein, nein – so richtig mit Stammbaum
Kaiser, Volk, Vaterland, treu bis in die Knochen
Eben ein Aristokrat,
immer gut zu seinen Dienstboten,
gab den Leibeigenen Brot, Wasser
sonntags sogar ein Gläschen Wein

statt sie spielen zu lassen
hat seine Frau niemals geschlagen
schickte die Kinder auf die besten Schulen
also, eigentlich:

Ein Guter.

Aber, – wie war´s in Wahrheit?
Ist doch klar, alter Hochadel,
Monarchist, Kaisertreu
Was sagte Robespierre darauf!
„Böse, Kopp ab"

„Nee,", sagt der Innenminister letztens noch,
„Robespierre war schon ein guter,
nicht lang schnacken,
Kopp vom Nacken"

Der hat nur einen Fehler gemacht,
der Robespierre, der war auch alter Adel,
Maximilian de Robespierre,
Rechtsanwalt, Jakobiner
„Und willst Du nicht mein Bruder sein,
dann schlag ich Dir …"

Den ha´m se auch geköpft

„Na ja, das ist Politik,",
sagt der Innenminister letztens,
„da kann man auf Einzelschicksale
keine Rücksicht nehmen
hauen wir erst einmal mal drauf,
– dann kann man immer noch fragen
was interessieren mich 20.000 Menschen,
wenn´s um die Welt geht."

Ein voller Erfolg

Und
wieder einmal
sprachen die
Politiker

„Die Zeiten sind hartzig"
„Die Gürtel müssen enger werden"

Und so
erlebte die
Wespentaille
eine Renaissance

Die Menschen kauften
neue Gürtel
mit der Wirtschaft ging es aufwärts.

Und die Moral?

Saß am Aufsichtstratschtisch,
steckte ihre Dividende in die Tasche und fuhr in
Urlaub.

Sonntags

Fliegende Untertassen mit Goldrand durchschwirren
Sonntagsbratendüfte, schneiden lasernd dicke Luft
blubbernde Saucentöpfe solidarisieren sich mit
Bratenpfannen und
Oma Schiller zittert sich zur Kirche

Tanzende Gläser auf und über Tresen perlt
goldgelbschaumiges Bier, tropft auf feuchte Pappe
schwängert stinkend Zigarettendünste und
Opa Schiller winkt dem nächsten Doppelkorn

Aus dem Hinterzimmer klingt in
lautem Schwall das Lied vom Heidenröslein
prallt im Niemandsland der Deckenbalken
auf den Smoke on the Water

Pastor Winter predigt vor den ersten Reihen
Scheppernde Goldrandklingelbeutel wandern jetzt
durch Weihrauchdüfte, schneiden lasernd kalte Luft
klappernd paaren sich Euronen mit Kopeken, und
Opa Schiller summt die Haselnuss

Während Pastor Winter seinen Messwein nuckelt
macht sich Oma Schiller auf die Straße
in der Mitte trifft sie Opa Schiller
tritt mit ihm den Heimweg an

Opa ist jetzt bei Horst Wessel
Oma summt ein feste Burg
Pastor Winter geht zum Essen in die Küche

In der vergangenen Nacht wurde in der Nähe von
Frankfurt ein jüdischer Friedhof geschändet
In der vergangenen Nacht wurde in der Nähe von
Berlin ein Farbiger zusammengeschlagen
In der vergangenen Nacht wurde in der Nähe von
München eine Studentin vergewaltigt
In der vergangenen Nacht wurde in der Nähe von
Dortmund ein Taxifahrer überfallen
In der vergangenen Nacht wurde in der Nähe von
Köln ein Asylant verbrannt
In der vergangenen Nacht wurde in der Nähe von
Hamburg ein Türke zusammengetreten
In der vergangenen Nacht wurde in der Nähe von
Würzburg ein russischer Spätaussiedler erschossen

Pastor Winter legt sich auf sein Sofa
Opa Schiller braucht ein Mittagsschläfchen
Oma Schiller strickt und guckt im Fernsehen Sissi

Bratendüfte dampfen sich aus Fenstern
treffen in der freien Luft auf Zigarettendünste
irgendwo dazwischen halbverlassene Töne
schwarzbraun, Heide, Wessel, Burg

KATALOGLEBEN

Ich möchte nur
ein einziges Mal
morgens aufwachen

und mich
ausgeruht, gut gelaunt, fröhlich entspannt
aller Dinge harrend, die dieser Tag mir bringt
an den in Sonne getauchten Frühstückstisch
aus der Werbung setzen

zu Menschen die dort
glatt gebügelt frisch geduscht adrett
nett beschwingt lebenslustig
sitzen

ihr Marmeladenbrot mit guter Butter
schmieren.

Und jetzt möchte ich
daran glauben,
dass alle meine
Probleme
mit einem einzigen Buch
zu lösen sind:

Dem Otto-Katalog!

In den Norden

Hängst
Dein Segel
in den Wind

der
kennt die Richtung
weiß
wo´s lang geht

fühlst Du
spürst Du
denkst Du
glaubst Du

und eines Tages
erwachst Du in der
Kälte des Nordpols

es ist windstill geworden
und Du hast jetzt
keine Streichhölzer
um Dich zu wärmen.

"Maske" Serie-A-Typie 20x32cm

WECHSELBLÜTER

Jederzeit der Strömung entsprechend
Zeitgeist gestylt,
bin ich selbstsicher
in meinen Masken

ringsum makellos, vollkommen,
perfekt, übergangslos,
beziehungslos, angepasst
fortwährend bereit meine Farbe
und die Tarnung zu wechseln

flimmerndes Gold
brillierender Diamant
glitzerndes Silber
geheimnisvolles Tigerauge
kalter Aquamarin
ganz wie ihr mich wollt immer verfügbar

Ich bin stolz
auf meine unbeugsame
Biegsamkeit
und meine Verhüllung

Ganz selten
in stillen Stunden
frage ich mich …

Aber dann setze ich lieber eine neue Maske auf.

KRIEGER

Kämpfer, Held, Mann der Tat, Haudegen, Recke,
willst Du berühmt werden?
Ein Heros? Eine Legende?
Leuchtendes Denkmal verstorbener Unsterblichkeit?

Willst Du Despoten trotzen,
Alleinherrscher besiegen, Unterdrücker vernichten
Diktatoren ausrotten,
dem Verhängnis in den
gierig weit aufgesperrten Schlund greifen,
Bedrängte retten vor Not und Übel
und allen Wirren dieser Tage,
dieser Zeiten dieser Welt trotzen?

Willst Du der feuerschluckende, feuerspeiende
Hitzevogel, der Phönix vor der Asche,
begleitet und dirigiert von Strawinsky
oder noch besser:
Orchester und Dirigent in einem sein

Willst Du von innen leuchten
wie der Sohn des Nazarener Schreiners
oder wie Martin von Tours
im Winter ohne Mantel
(oder zumindest nur mit einem halben)
freiwillig frierend durch die Straßen reiten?

Kämpfer, Mann der Tat,
Haudegen, Recke,
willst Du berühmt werden?

Berühmt für einen Tag
oder zumindest für eine Tat?
Ein Heros? Eine Legende?
Leuchtendes Denkmal verstorbener Unsterblichkeit?

Kämpfen für eine echte, handgestrickte Wahrheit,
eine Sache, eine Idee, ein Ideal
oder wenigstens eine Illusion
standhaft sterben, vorher jedoch
möglichst viele andere vom Leben in den Tod
befördern (und ihnen ob ihres Ungeschicks
Deinen Weg zu kreuzen
verzeihend den Gruß entbieten?))

Danach jedoch auf einer Säule stehen
als Ikone, als gestorbener Dulder
märtyrisch, stolz, stoisch,
aber in alle Ewigkeit heroisch
diesem heutigen, hiesigen Dasein
lautmalerisch einen stummen Abschiedsgruß
zuwerfend

Willst Du dich für Volk und Vaterland
zumindest für eines wenn nicht das Deine
dann für die Freiheit der anderen hinrichten lassen?

Du, Kämpfer, Mann der Tat,
Haudegen, Recke,
enttäusche mich nicht,
darum richte Dich auf

ich hebe Dich auf Dein Schild
ich trage Dich herum
ich spreche von Deinem Mut
ich spreche von Deiner Kraft

enttäusche mich nicht
ich sorge für Deine
gefallene, gefällige Ehre
ich winde Deinen Glorienschein
hänge an Deine Füße den Lorbeerkranz
ich sorge für den erwarteten Applaus

denke aber Du daran:
Zum Da Capo erscheinen andere.

BRIEFMARKEN UND KRONKORKEN
(oder: wie uns Rentner Kurt die Welt erklärt)

Naja, das war schon in Ordnung,
doziert Rentner Kurt aus dem Nachbarhaus
mit in unzähligen Stammtischschlachten gestählter
Stimme
dass wir früher immer
Briefmarken und Kronkorken
gesammelt haben für die
armen Heidenkinder

Und die haben wir
doziert Rentner Kurt aus dem Nachbarhaus
mit in unzähligen Stammtischschlachten geschulter
Rhetorik
zur Kirche gebracht, die
Briefmarken und Kronkorken
und der Pfarrer hat sie verkauft und das Geld
nach Afrika geschickt
damit die armen Kinder lernen konnten

Und die konnten zur Schule gehen
doziert Rentner Kurt aus dem Nachbarhaus
mit in unzähligen Stammtischschlachten erprobter
Logik
und später studieren,
von dem Geld für die
Briefmarken und Kronkorken
in Harvard, in Oxford in Berlin oder Paris
und Fremdsprachen wie russisch oder englisch
oder französisch oder chinesisch lernen

Und weil sie so viel studiert haben
doziert Rentner Kurt aus dem Nachbarhaus
mit in unzähligen Stammtischschlachten ausgeklügelter
Philosophie
haben sie gute Jobs gefunden dank der
Briefmarken und Kronkorken
und verdienen jede Menge Dollars
oder Rubel oder Pfund oder Euro
und sind nicht mehr arm

Eines muss man aber feststellen
doziert Rentner Kurt aus dem Nachbarhaus
mit in unzähligen Stammtischschlachten gebildeter
Folgerichtigkeit
durch das ewige Sammeln von
Briefmarken und Kronkorken
sind wir selbst unterentwickelt geblieben
und unsere Kinder finden hier keine Jobs

Ist aber nicht schlimm
doziert Rentner Kurt aus dem Nachbarhaus
mit in unzähligen Stammtischschlachten erworbener
Demut
denn vielleicht sammeln jetzt die früheren Armen
Briefmarken und Kronkorken
Und dann schicken sie uns das Geld
damit unsere Kinder lernen
und einmal studieren können
von den Briefmarken und Kronkorken.
So ist nun einmal der Lauf unserer Welt

Berufsplanung

Es lohnt nicht einmal mehr
Diktator zu werden

Der Papst pflegt wieder Füße
Mohammed betrachtet seine zerstrittenen Kinder
und selbst Dalai Lama und seine Jünger
tragen mittlerweile
Brillen, Ärmelschoner
kennen sich mit
Kontoführung und Computern
bestens aus

Es lohnt nicht einmal mehr
eine Sekte zu gründen

Kumpel, Dichter, Bauern, Automobilbauer
arbeiten lediglich für die Depots und Lagerschuppen
das zeigt der tägliche Blick in die Nachrichten.

Vorausschauend bleiben meinem
ungeborenen Sohn lediglich
zwei Karrieren offen:
Koch oder Fußballspieler

ABWÄRTS

Damals
stand groß
P E A C E
auf meiner Jacke
und heute küsst nicht einmal
ein reisender Papst den Boden
über den ich gehe

Nein,
es sind
bittere Zeiten
für Spaßmacher,
wenn selbst Feinde
mit mildem
Lächeln verzeihend
ihre Spießruten in öffentliche Gärten stecken.

Schon wieder zwei Zähne
verloren,
woran sollte ich sie schärfen
der Kiefer wird weich

Ach, diese heimatlosen Tage sind hart
gäbe es hier
ein paar Scheiben
so nähme ich Steine und würfe
doch anstatt
klirrend-scheppernd zu brechen
sind sie aus Gummi
werfen die Steine zurück
wie den Klang meiner Stimme

NEIN
Damals
stand groß
P E A C E
auf meiner Jacke
und wolltest Du
nicht mein Bruder sein
dann, ja – dann
und:
Nein, heute küsst kein
reisender Papst den Boden

Viel Erfolg

Lehre Lehren
lehren Lehrer

Ausweglose Hinterhöfe
predigen neugierigen
räudigen Katzen
3x1 und 2x2

Zwischen vollgestopften Mülltonnen
spielen Kinder einsam
miteinander
vor uns hin

ABER FÜLLEN SIE BITTE
KEINE HEIßE ASCHE EIN

Gegenüber
Schule
und der Pausengong bleibt stumm

Am Fenster
rinnt Regen
emsig, stetig
wie Sand durch meine Eieruhr

Warum ich diese Zeilen schrieb
das weiß ich nicht
Es ist gleich 16 Uhr!

Manche Fliegen

Manche Fliegen sind glücklicher als andere!

Während die einen am Abend ihres Tages
still, einsam und verlassen
tot von der Wand fallen
erwischt die anderen
am späten Nachmittag
mitten im Fluge
im Spiel um den Kopf eines Menschen
die blitzschnelle Klatsche.

Diese Fliegen sterben glücklich!

ALLES WAS DU SAGST ...

Alles was Du sagst
War schon mal da
Irgendwann
Jemand hat es vor Dir schon gesagt
Du hast es gehört
Und jetzt sagst Du es, Freund
Alles was Du sagst war schon mal da

Alles was Du hörst
War schon mal da
Irgendwann
Jemand hat es vor Dir schon gehört
Es wurde gesagt
Und jetzt hörst Du es, Freund
Alles was Du hörst war schon mal da.

Alles was Du siehst
War schon mal da
Irgendwann
Jemand hat es vor Dir schon gesehen
Es wurde gezeigt
Und jetzt siehst Du es, Freund
Alles was du siehst war schon mal da

Zwischenspiel, gesprochen:
Und wenn dein Tenor aus dem Fernseher klingt
Dann ist das nur, damit Dein Konto noch wächst
Und wenn Deine Stimme im Radio singt
Dann nur damit das Publikum blecht

Und wenn Deine Hand von der Bühne winkt
Dann nur, weil das Geld ja nicht stinkt

Wieder gesungen:
Alles was Du sagst
War schon mal da
Irgendwann
Jemand hat es vor Dir schon gesagt
Du hast es gehört
Und jetzt sagst Du es, Freund
Alles was Du sagst war schon mal da

Und jetzt alle:
DummDu dummdumm dumm du dumm dumm dumm
Dideldumm
DummDu dummdumm dumm du dumm dumm dumm
Dideldumm

Ja, so isset prima, und jetzt noch einmal, alle:
DummDu dummdumm dumm du dumm dumm dumm
Dideldumm
Alles was Du sagst
War schon mal da
Irgendwann, jemand hat es vor Dir schon gesagt

(fade out)

TÄGLICH

Jeden Tag aufs Neue
kaufe ich Scheinwahrheiten und Heucheleien,
verkaufe ich Scheinwahrheiten und Heucheleien,
und jeden Tag aufs Neue
verrate ich mich selbst
an mich und andere

Gestern überlegte ich mir

Ab morgen
lässt Du es sein
ab morgen
kaufst Du nur noch
was Du zum Leben brauchst
ab morgen
verkaufst Du nur noch
was andere zum Leben brauchen

Als dann der Tag
die Reste der Nacht vertrieben hatte
und sich geruhsam für seine Zeit in den
Lehnsessel platzierte
war mir wieder
nach Scheinwahrheiten und Heucheleien,
verlangten die Käufer
Scheinwahrheiten und Heucheleien,
so verriet ich
noch ehe ein Auto dreimal hupte
die Nacht an meine Kaffeekanne

Duckmäuser?

Um feige zu sein
fehlt mir der Mut

Um schwach zu sein
fehlt mir die Kraft

Um still zu sei
fehlt mir die Stimme

"Am Rhein" Serie-A-Typie 32x20cm

ABENDS AM RHEIN

Eine leise Ahnung
von Wind zieht sich
über verwilderte Flusswiesen

Gänseblümchen, Löwenzahn,
Hahnenklee, Butterblumen,
Vogelwicken, Wegerich
und Glockenblumen,
am Rande eine aufmarschierte
Brennnesselwache
schunkeln sich einmütig
 im rheinischen Takt von
durch Dämmerung
plätschernden Wellen.

Mittendrin
zwei dichte Silberpappeln in deren
Blätterwerk es stetig leise rauscht.

Gleich streicht der
Wind durch Weidenäste
wie ein Saitenspiel
pfeift mir dazu ein Solo.

Freundliches Wohlbehagen

REUMÜTIGE BETRACHTUNG

Erst gestern Abend
oder war es bereits Nacht
also etwa gegen dreiundzwanzig Uhr
da war ich ganz plötzlich
erstaunlich glücklich,
einfach so
ohne ordnungsgemäßen,
nachvollziehbaren Anlass

Mag sein
irgendwer hat mich angelacht,
möglicherweise habe ich
einen Witz im Radio gehört
Keine Ahnung, jedoch
war ich glücklich

Anscheinend
ist mir dieses Gefühl
sehr fix, sehr unheimlich geworden
und rasch grübelte ich mir
einige unangenehme Dinge

bis ich mit beiden Beinen
wieder auf
dem Fußboden der Realitäten
angelangt war

DIENSTAGABEND

Platz
wäre heut´ für mich
in einem mittelgroßen
Schuhkarton

Deckel zu
und mit
eingeklappten Knien
den Kopf gebettet
auf ein kleines Kissen
dunkel und warm

könnte ich schlafen
bis der
Frühling kommt
und ganz versteckt
noch ein paar neue
Sprossen treiben

Abend rieselt leise

Abend rieselt leise auf die Dächer
ich husche auf ausgefahrenen Wegen,
Straßen durch die Stadt
Lichterbrei quillt allerorten aus den Fensterhöhlen
in den Kneipen tanken Menschen Bier und Wein
bevor sie artig-müd´ nach Hause gehen

Denkmaschinentöne leiern durch die Lüfte
Fernsehschleim pappt an den Wänden
dösend, manchmal überlegend
flitze ich auf fremden Pfaden
kopfzermarternd, sinnend, spekulierend

Was mag hinter all den Mauern geschehen?
Was wird dort getan? Und was gelassen?
Wer spuckt große Töne, schreit
und wer sitzt still

Rückschritt, Niedergang,
Beständigkeit, Entschlossenheit,
lästern, schelten, wettern, geifern
freuen, schäkern, spaßen, jubeln

Hand bei Bier bei Zeitung, Füße hoch
Schmökern, blättern, raten, deuten
Mein und Dein und Du und ich und ich und Du
(und Müllers Kuh)
und mich und mich und mich und ich und Dich

und mal gemeinsam still versunken
selbstgesprächelnd, einfach redend
oder anders: miteinander plaudernd
ganz am Schluss:
Hilflosigkeit Ohnmacht und Erschöpfung
letztes Ringen um die Leichtigkeit des Tages
trällern, singen, pfeifen, jubilieren
Schmerzen, Siechtum und Gebrechlichkeit

Auf dem Tisch stehen unbeachtet
letzte Abendessensreste

Und ich laufe durch die Bilder
sehe, wie sie vor den Tischen hocken
in Vorgärten, auf Balkonen und Terrassen
um die frisch gepflanzten Blumenkästen flanieren
manche langsam, manche schnell
manche Zweisam, eng umschlungen
andre wieder mit den Kindern spielend
durch die Wohnung toben
oder mit Hausgenossen über Fußballs schwatzen
Und jetzt möchte ich treppauf
mich dazu gesellen.

Abend rieselt leise auf die Dächer
ich husche auf ausgefahrenen Wegen, Straßen
durch die Stadt,
wenn die Leute artig-müd´ nach Hause gehen
dann greift mich Sehnsucht
und ich beneide sie

DER MAULWURF

Der Maulwurf blickt voll Freude
auf jene Wiese
die er nachts beackert

dort wo am Abend vorher
nichts Anderes war als flaches Gras
ziert heute Hügelchen an Hügelchen
die platte Fläche

doch kurz nach sieben
kommt bereits der Gärtner
und schlägt die Hügel flach
zu Maulwurfs Ärger!

Darum, was selbst der Dümmste leicht versteht
ein Maulwurf
und zwar ganz zu Recht
sich ganz gewiss niemals in einen Gärtner verliebt.

NÄCHTLICHE REISE

Wenn sich der Mond
wie ein dicker Fesselballon
auf seine Reise begibt
möchte ich mich mit Dir
in eine Gondel
setzen und übers Land fahren

Wenn wir beide
eng aneinandergeschmiegt dort
oben sitzen wird das
alte Mondgesicht über uns
still lächeln und sich
an und mit uns freuen

Und auf unseren
verdunkelten Tribünenplätzen
über den Lichtern der Erde
lass uns zusammen von
unserem Morgen
träumen in dem unsere

Ängste nicht mehr wichtig sind

HALLO

Dein
Strahlen
in der Tür
Lachen in Deinen Augen

In manchen Momenten
möchte ich platzen vor Glück
Aber wer hebt die Fetzen auf?

Obwohl

Dir traue ich sogar zu,
dass Du alles
fein säuberlich
wieder
zusammen nähst …

GEMÜSEBAUERN FRÜHSTÜCKEN ANDERS

Ist klar:
onanieren mitten in der Stoßzeit
ausgerechnet im Kamener Kreuz
das geht überhaupt nicht
schon erst recht
wenn der Stau sich 15 Kilometer
hinter die Rückbank zerrt

Aber:
Aufhängen ist nicht die
passende Lösung
selbst mit der Begründung
„Ach, ich hatte gerade
das Abschleppseil ausgepackt"

Schwach!
Schließlich warten andere um diese Zeit
auf die Gelben Engel
Laufräder
sind für Hamsterfüße nicht geeignet
während mein Kaffee
keine Milch verträgt
ohne davon zu erblassen
aber darüber komme ich hinweg, nur
daran könnten wir etwas ändern:

Lassie mag genüsslich Kaninchen jagen
Flipper hoppelt im Stadtwald durch die Baumkronen
aber …

Nun ja, Zeit für ein Lied bleibt immer
wir rufen den Bürgermeister der desolation road
und bauen unser eigenes Gemüse an.

Meerschweinchen übrigens
mögen ebenfalls und keinesfalls Laufräder
dafür aber leben sie vegan

Nur einmal gesetzt den Fall
es macht ihnen größere Umstände:
Ob sie ihn jetzt vielleicht aus dem Baum schneiden
könnten sehen sie, dort
direkt über dem geritzten Herz mit dem Doppeladler

Ich jedenfalls halte es durchaus für möglich
aber während der Wartezeit
rücken wir uns eine Bank unter den Motor
hier bleibt es trocken

Wir lieben die Gelben Engel wie uns selbst
trotzdem:

im Kamener Kreuz baumelt noch immer
(vielleicht schon wieder)
eine rote, rasend-rostende Leiche
über dem Boden

HÖMMA

Herzchen.
Du frisch geduscht
gesäubertes Wesen!
Gespieener Kaffee auf meiner Uhr.
Auf die Heide?
Immerdar – aber
nur im Zelt!

Tröpfelt!
Tüfteln!
Ausgetüftelt!
Angeditscht!
Abgeeckt!
Gecheckt!
Geh?
Scheckt – erschreckt!

Wo ist der Retter?!
auf schwarzweißem Pony
blecherner Büchse mit Schirm.
Oh
Dada
Da!
Du bringst
Piet? Wo? Wann?
Ach, was soll´s!

Wenig gilt im Universum.
gespieener Kaffee
zwischen Staunen und Tüfteln.
Aber:
Im Regen!
Gespieener Kaffee
meist ach so edel
nee, jedoch ziemlich!

Schnitzel
Jagd
Leber
Salami

Prosecco! Hollerdipollerdipolter!

(*Zum Geburtstag von Dada*)

SUBVERSIVE PASTELLPIGMENTE IN HONIG UND SENF

Haltlos giggelndes Kaffeegespei
durchtränkt meine Tastatur
Ach,
wäre doch ewiglich sommerliches
Fährengeschaukel auf burschikos
rassigem Ufer abgepuffert
professionell glitzernd im
Sande gestrandet
wie meckernd von Ziegen
gemalt und gebacken
in glänzenden Lacken
so wüsste ich doch
meine Albernheiten
zögen absurd kreisend
ins gestrige morgen um dort
für das morgige gestern
die erdbeerblaue Sülze zu braten

Unsinnig abwegig
wie diese Zeilen nun einmal sind
fließen sie wie wischende Pastellpigmente
aus meiner kaffeebespieenen Tastatur
zwar rätselhaft
doch offensichtlich geronnen
zwar sinnlos
doch nicht ohne Sinn
möglicherweise DaDa
für DieDa im DuDa

auf jeden Fall aber istisch
und haltbar auch ohne
die Frisur zerstörendes
wirbelndes Haarsprühgespraye

Gesch – Gesch – Gesch
lasch – lasch –
tanz um den ekölnden Bach
Klatsch – katsch – Kasch – Kats –
Katzen tanzen in
schwimmenden Wörtern
auf subversiven Fähren
nehmen die Fährte auf

Und diese Worte von pyramidialer
ziegelsteinernder beleibter Albernheit,
ach haltlos giggelndes Kaffeegespei
durchtränkt meine Tastatur
und heute Morgen
weiß ich nicht wohin
mit meiner Power

Subversive Honigkuchenpferde springen Seilchen
unter gummitwisternden Pastellchips
getunkt in knobläuchernden Bratkartoffeln

DAS WEIBSBILD AUS DAUN

Gestern fuhr eine tolle Frau
mit ihrem alten Ford Granada
eine ganze Weile auf der B9
Richtung Bonn
direkt neben meiner Karre her.

Und als ich so hinüberlächle
wirft sie mir einen umwerfenden
Augenaufschlag zurück!
Gerade als ob aus uns zweien
etwas werden könnte.

Natürlich ließ ich mich
sofort ein wenig zurückfallen und
hab´ mir das Nummernschild angesehen.
Dort stand DAU und irgendwie
fand ich das jetzt nicht mehr spannend.

Ich griff mir meinen alten Atlas aus dem Fond,
blättere nach:
DAU heißt Daun und liegt in der Eifel

schon hat´s gekracht
ich sah nichts mehr

Hatte ich glatt eine
Baustellenabsperrung gerammt
mit 1500 Euro müsste ich rechnen –
hat der Polizist gesagt
bloß wegen dieser blöden Ziege!

Warum ist die eigentlich nicht
zu Hause geblieben in ihrem
dämlichen Eifler Stall
mitsamt ihrem hinterhältigen Blick

Am meisten ärgert mich aber,
dass ich dieses verschlagene Weib
noch nicht einmal anzeigen kann:
die hat einfach Gas gegeben
und Fahrerflucht begangen

MORGEN?

Wenn Dämmerung
sich in Straßen schleicht,
festsetzt

langsam mit der
Dunkelheit
niederkommt

rasten Gedanken
auf Straßenlaternen
sitzen Träume auf Dächern
keimen Utopien durch Fugen
im Straßenpflaster

Alkoholgeschwängerte Abgaswolken
perlen durch Häuserschluchten
ätzen sich in weit geöffnete Fenster
unserer Wohnsilos.

Wir kauern,
hocken vor den Winkeln
unserer Ichs
und warten

"Die Mondkatze" Serie-A-Typie 20x32cm

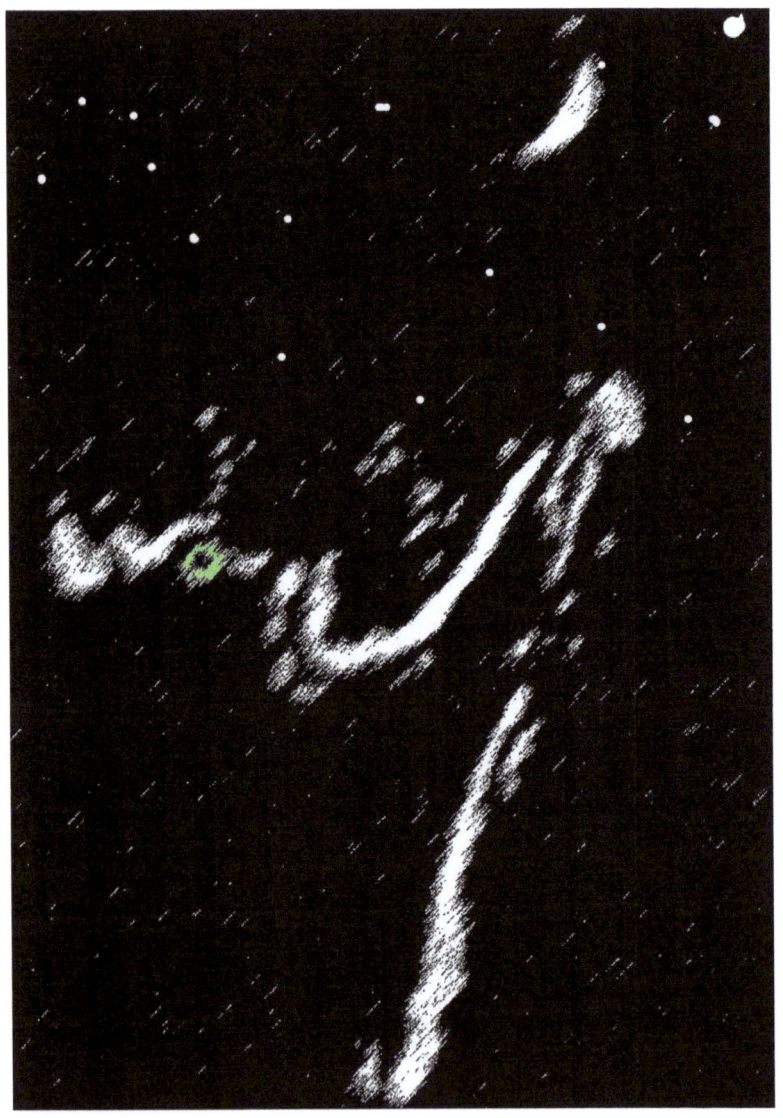

BAD TÖLZ

Morgens, 10 Uhr, kurz vor Deutschland
genauer gesagt: knapp über Deutschland,
Nähe Bremen

der Flieger fliegt ohne mich
über gebügelte Vorgärten der Hanseprovinz
während ich im Stau auf der A1 stehe
und im Rückspiegel die Doppelspur meiner
Reifenprofile hinter Verden an der Aller
verschwinden sehe
Das letzte Glas Rotwein pocht kräftig
hinter meinem linken Auge
durch den Darm wälzen sich Zwiebelsuppe
und Parmesan-Käse, kämpfen miteinander
eines von beiden wird Sieger
aber keine Panik, der Motor schnurrt.

Mittags, 12 Uhr, High Noon,
knapp über Deutschland, nahe Münster
der Flieger fliegt ohne mich
über die Bürgersteig-Cliquen der Westfalenprovinz
während ich mit 130 Kilometern pro Stunde über
die A1 fahre, dabei im Rückspiegel die
Elefantenrennen beobachte
setzt sich ein Staubkorn in den rechten Augenwinkel.

Die Sultans of Swing
dröhnen in meinen Ohren
die Zwiebeln haben gewonnen
das Duell wurde in Greven entschieden
die Straße zieht sich wie ein Band
aber keine Panik, der Motor schnurrt.

Nachmittags, 15 Uhr, Kaffeezeit,
knapp über Deutschland, Nähe Frankfurt
der Flieger fliegt ohne mich
über die Banken und Versicherungspaläste
der hessischen Skyline
Ich ziehe Spuren auf der Autobahn
und beobachte im Rückspiegel
die Trecker auf den Feldern
jenseits der Autobahn

Im Radio schnupft J. J. Cale Cocaine
Kaffee brennt sich bitter
durch die Speiseröhre wieder hoch
Zeit für einen Tankstopp
Aber keine Panik der Motor schnurrt.

Abends, 19 Uhr, Feierabendverkehr
knapp über Deutschland, Nähe München
der Flieger fliegt ohne mich
über die Zentralfriedhöfe
der blauweiß bayerischen Rauten
und während Magen und Darm laut
nach Versorgung brüllen und knurren
steuere ich in Richtung Salzburg
der Tempomat steht weiter auf 130
im Rückspiegel jagen sich
neckisch ein Liebespaar
die französische Ente und der bayerische BMW

Der Dampfhammer-Moderator
von Bayern drei schleimt sich
durch meine Gehörgänge
der Tank ist schon wieder leer
und endlich habe ich mein Ziel erreicht
die Ausfahrt Reichersbeuern-Bad Tölz

der ich dieses längst fällige, trotzdem
überflüssige Gedicht widme,
weil mir hier bereits zum dritten Mal
ein Motor verreckt

aber keine Panik ich bin im ADAC.

GETRÄUMT

Und
wieder bist
Du heute Nacht
durch meine Träume spaziert
mit leisem Schritt und stillen Gesten
hast mit Deinen zarten, kühlen Händen
meine heiße Stirn bedeckt
und
mit Deinen Augen
meine Augen gestreichelt
und dann war da

Dein Mund
Dein Mund
Mein Mund
Mein Mund

Und
dann waren
nur noch wir

Und wir
Und wir
Und wir

MAHLZEIT

Wir hatten uns länger
als eine Stunde sachlich
und kühl
miteinander ausgesprochen
was in etwa das Gleiche bedeutet wie:
wir hatten uns kräftigst und schonungslos beschimpft

da

lächelte sie mich plötzlich an
und schlagartig dachte ich
nicht mehr darüber nach,
was ich als erstes und
wichtigstes in meine Reisetasche
packen sollte, ob ich nun bei Claas,
bei Dieter oder bei Wolfgang
für ein paar Tage
ein Feldbett bekommen könnte

Und ich fragte
na und,
was sollen wir jetzt machen
worauf sie antwortete
na ja, was zu essen

(Mittag war lange vorbei und
uns knurrten die Mägen)

FARBE

Komm
lass uns über
Berge und Wälder
und Städte
springen

Wir
knüpfen Gitarren
hängen Klaviere
in den Himmel
malen die Sterne
bunt aus
pflücken uns den Mond

alles für den melancholisch
düsteren Alltag

BESSER ALS DER BLUES

Gewiss!
Während ich jetzt
an diesem milchig trüben Herbsttag
hinter dem Fenster sitze
auf den Spielplatz schaue
dort das einsame Kind sehe
mit seiner blauroten Jacke
und der gestrickten Mütze auf einer Schaukel sitzend

gäbe
es ungezählte Möglichkeiten
um diesen Anblick
sinnbildlich-metaphorisch
als blumiges Gleichnis parabolisch
mit den vielfältigen Unbillen der
gegenwärtigen Weltlage zu verbinden
mit Philosophien
Ideologien
und überhaupt allen I-en

ein wenig Geschick könnte helfen
einige Portionen Selbstmitleid und
Larmoyanz
zu versammeln und verknüpfen
dabei wäre es vorstellbar
den heranziehenden Herbst
mit dem Herbst meines Lebens
vergleichend zu erwähnen
und dadurch mit etwas sprachlichem Geschick
zusätzlich depressive Gedanken in den Text
einzuquirlen

Das alles wäre möglich

aber
dort drüben auf dem Spielplatz
sitzt nur ein einsames
Kind in blauroter Jacke
mit gestrickter Mütze
auf einer Schaukel
ich nehme es fast beiläufig wahr
setze eine große Kanne Kaffee
unter die Maschine
und freue mich darauf,
dass Du bald nach Hause kommst.

WARTEN

Hier
sitze ich
und warte
auf Dich
die Augen kurz schließen
ein schnelles blinzeln
in Richtung Fenster
und ein Lächeln

Ein Lächeln
als wärest
Du bereits hier

Dabei muss ich noch
vier Stunden warten
und meine Kaffeetasse ist gleich leer

EINGESCHLAFEN

Bin mit ruhigem Herzen
eingeschlafen
so voll unserer Gefühle
Glück spürend

Bin im Traum
aufgewacht, hab´
nach Dir getastet
das Kissen neben mir
war leer und doch
meinte ich Deinen Duft zu erkennen

Bin wieder aufgewacht
als der Wecker mich
aus den Decken schreckte

rauchte natürlich auf nüchternen Magen
meine erste Zigarette
trank den ersten Kaffee
und wollte Dich wachküssen
als ich merkte
Du bist gar nicht da

Jedoch
ich fühlte mich
nicht einsam
denn unsere Träume
waren bei mir

D AS WÄRE TOLL

Nur die Ohren spitzen,
nur staunend schauen
einfach wahrnehmen
und
aus Phantasien
unsere Welt aufbauen
beschwingt mit Optimismus
den Kosmos ansehen

Mit Dir
an meiner Seite
durch beschränktes Gedränge
zur endlosen Weite
fern, vergessen
alle Konflikte:

das wäre toll.

ZEITEN

Ganze Abschnitte meines Lebens
sind mir
einfach zerronnen
auf den vielen
wirren Wegen vom
Gestern zum Morgen

Habe
Wochen Monate Jahre
hinter mir verloren
Zeiten
von denen ich
nicht mehr weiß
und nicht mehr wissen will
denen ich
nicht nachtrauere

Wenn ich nun
die gesammelten Tage,
die gelebten
zusammenrechne
so bleibt
unterm Strich

Ich bin noch sehr jung

Entfernungen

Einen kurzen Doppelschritt entfernt
liegen Gedanken
warten abgelegte Träume
auf Reanimation durch unsere Gegenwart

Tauchten wir aus unserem Heute
hinab in die ertrunkenen
Filme dieser Zeit

so fänden wir zwischen
halbgeleerten Gläsern,
selbstgedrehten Zigarettenstummeln,
angefangenen und ausgelesenen Briefen,
Unterhaltungen, Debatten, Aussprachen
verblichenen Lieben, Küssen

mit schnellem Griff ein feuchtes Suppenhaar
und angerostete Nägel im Heuhaufen
gerade so als wären wir die Doppelschritte nie
gegangen

Während wir verzweifelt
einen Stein suchen
um dieses verdammte Glashaus
der Gefühle endlich zu zertrümmern
gehen wir bereits den nächsten Schritt
und nehmen das Glashaus mit.

So bleiben wir weiter
was wir waren
was wir sind
entfremdet, ängstlich, wachsam,
flüchtig, flatterhaft, oberflächlich,
redend stumm

geradeso
wie nach jahrelangem Leben
auf dem Mars

UNENDLICH BEFREIT

Lange genug
hast Du gewartet
Dich versteckt
nun aber stürmst Du
aus dem geöffneten Abstellraum
der autonomen Befindlichkeit

endlich heraus
unendlich befreit unbedingt
in fliegendem Traum durch
leuchtende Türen

herunter vom
polierten Sockel der
bedrängenden Uneingeschränktheit
tanzt Deine aufatmende Liebe
zwischen Kastanienbäumen
und Gänseblümchen

weder Gips
noch Kitt
verkleben
verkleistern
Deine Seele

sachtesanft leiseleicht
flittert Dir Licht

Warum sollte ich

Selbstverständlich
kann ich mir vorstellen,
dass
ich an unseren Kuss
nach dem Erwachen
heute Morgen
nicht denken müsste,

wäre
mir nicht gerade eingefallen,
dass ich
mitten in der Nacht aufgewacht bin,
weil Du
mir die Decke weggezogen hattest und
mir ein wenig fröstelig auf der Haut wurde

dies
fiel mir gerade ein
ebenso wie der Kuss von heute Morgen
und dass ich in der Nacht
ganz schnell nach der Decke suchte
mich eng an Dich schmiegte,
uns bedeckte

Deine weiche warme Haut spürte
Deine weiche warme Haut roch
Deine weiche warme Haut atmete
und Deinen Schlaf fühlte
während ich ganz ruhig wieder einschlief

Selbstverständlich
kann ich mir vorstellen
Dass
 ich an unseren Kuss
nach dem Erwachen
heute Morgen
nicht denken müsste,

aber
nun ist er mir doch eingefallen
und während ein Lächeln in meine Augen wächst
wächst auch meine Sehnsucht nach Dir
wird so groß
dass ich Dich jetzt sofort
von Deinem Arbeitsplatz kidnappen möchte
um beruhigt wieder einzuschlafen

Also kann ich mir nun ebenso,
ganz selbstverständlich vorstellen
dass die Sehnsucht nicht käme,

wenn
mir, dass alles jetzt nicht gerade
eingefallen wäre,

aber
warum sollte ich mir das vorstellen

ZWISCHENDURCH

Ganz ruhig
matt
verträumt auf
unserem Bett liegen
zuschauend, wie sich vor
dem Fenster eine Spinne abseilt
im Augenwinkel
soeben noch
den taumelnden Flug eines
fallenden Palmenblattes verfolgen
zwei ruhigen Herzen
unserem Atem lauschen

Auf einmal
ein Knuff in meine Rippen

Wer geht jetzt Zigaretten holen?

ANGEFANGEN

In meine Saiten tasten
in Augen sehen
wahrnehmen
unverhofft gehen
oder unverhofft kommen

Einkehren
einen Raum bewohnen
einen eiligen Zug nehmen
oder nicht mehr zurückgehen
oder nochmals erforschen

Kein leises Wort mehr
oder längst abgebrochen
beendet
dieses oder jenes

Sind keine Worte mehr nötig
und noch immer:

keinen Zweifel hegen

"Lasset die Chöre singen" Serie-A-Typie 32x20cm

ERFASSEN

Dich möchte ich begreifen
bis vollends unter die
sieben Schalen Deiner Häute
die wir so wunderbar beherrschen
Dich entblößen
bis in die verborgenen Tiefen
damit wir uns innen erfassen
ehe wir uns draußen vor der Türe
verlegen hilflos schüchtern beschämen
verstellen verschanzen blockieren

Auch für den Fall
dass ich ungehalten richte
auch für den Fall
dass meine Mutlosigkeit Dir droht

ich will Dir gut sein
will Dir gut tun
wenn Du unwirsch heimsuchst
wenn Du unwirsch heimgesucht wirst
jenseits von Dir und uns
und abseits von allen
unseren Innerlichkeiten
Dich ausschließt
mich ausschließt
will ich Dich im Sinn haben
einschließen in meine Gedanken
die frei sind aber jeder erraten kann

jeder erraten darf
selbst wenn sie fliegen vorbei
wie flüchtende Schatten

Selbst gesetzt den Fall,
dass ich dich bisweilen
wortlos wortreich hilflos aufgebe
will ich mich auseinandersetzen mit
Dir und unerschütterlich die Furchtsamkeit ertragen,
dass wir imstande wären
uns gegenseitig zu verfehlen
will Dich erwarten auf unserem unvermuteten Pfad.
Nicht ihn blockieren

Ich bin sicher
dieses Dasein wird nicht besser
aber beschwingter und gut gelaunt
und schließlich

warum sollten wir uns schon einbilden,
dass wir einander nicht zustehen

High Noon

Heute werde ich das kleine dicke Männchen
mit seinem Pfeil und Bogen
aus dem Schrank holen
und in meinem Rucksack verstecken
denn dort kann es
niemand sehen

Aber in der kurzen Pause
zwischen atmen und lachen
werde ich ihn mit
zwei Haaren von Dir füttern

Und wenn dann Du
unsere Kaffeetassen
ein weiteres Mal füllst
dann wirst Du
den Stich nicht spüren

GLÜCK

Seltsam-drollige
wachsende Fröhlichkeit, du,
die beharrlich aus meiner Mitte sprießt,
strahlend schmunzelnd,
lächelnd, dich freuend
wie ein beschenktes Kind
am Christfest
unterm Tannenbaum

Kugelrund und frisch
wie ein knackiger, rotwangiger Apfel
funkelnd wie ein
Leuchtkäfer in der Dunkelheit

Wärmst mich von innen
schubst und stupst mich
zärtlich weiter
wenn ich nicht mehr mag
und wisperst ständig in mein Ohr

Wird wohl glücken
Wird wohl glücken

315.360 Pulsschläge

Möglicherweise
vielleicht
eventuell
könnte es durchaus sein
mein Leben wäre viel
unkomplizierter
hätte ich Dich
niemals getroffen.

Womöglich
unter Umständen
wahrscheinlich

könnte ich weiterhin
morgens mit zwei linken Füßen aufstehen
meinen schwarzen Kaffee mit Süßstoff trinken,
Zigaretten verspeisend den Tag
an finstere Gedanken hängen

grübeln, böse, sarkastisch und zynisch sein
abends eine Tütensuppe oder
Nudeln aus der Dose essen
Und den üblen Geschmack mit
einer Flasche Wein herunterspülen.

Höchstens allenfalls gelegentlich

machte ich mir darüber Phantasien,
dass es dringend Zeit wird
ein paar Kilo abzuspecken
weil ich mich so gewichtig
mir und der Welt nicht
zumuten mag.

Allenfalls möglicherweise eventuell
wären meine Tage berechenbar.

Nun aber wache ich
mit einem Lachen auf
beim Gedanken an Dein Lachen.

Nun aber puckert mein kleines Herz
mir jede einzelne Sekunde vor
bis wir uns wiedersehen.

Nun aber sehne ich mich nach dem Duft
Deiner Haare.

Nun aber sehne ich mich nach dem
Gefühl Deiner Hände auf meinen Schultern.

Nun aber habe ich eine unbändige
schier grenzenlose Sehnsucht
nach meinem Körper in Deinen Armen
nach Deinem Körper in meinen Armen.

Nun aber erwidere ich
die liebevoll zwinkernden Blicke
von Agape und Eros.

Nun aber
erwarte ich jeden Tag
gelassen und ruhig
und fühle mich
guter als gut.

Wenn Du mich mit spiegelnden Augen
anschaust weiß ich

Ich darf sein.

GLÜCKLICH
… ach, Du weißt schon …

Ich habe mich nervös gefreut
Dich zu sehen
meine Hände flatterten,
der Schweiß lief mir
in Wildbächen über Stirn
Rücken und Brust
mein Herz ratterte
wie ein alter, aufgemotzter Rasenmäher
und in dem kleinen Winkel,
dort, wo Magen und Bauch sich treffen
da wohnte auf einmal
ein klopfender Specht.

Ganz cool und ruhig sagte ich
hab´ ich heute wohl mal
wieder zu wenig geschlafen,
zu viel geraucht und zu viel Kaffee getrunken.

Du aber lachtest mich an
mit mutwilligen blauen Augen
fuhrst mir mit
beiden Händen durch das Haar
warfst einen Kuss in die Luft

und auf einmal wusste ich:
Das ist Glück!

Eingeschlichen

Während ich durch Regen gehe
spüre ich Sonnenschein auf meiner Haut
Du hast Dich endlich
bei mir eingeschlichen
ziehst mit Kraft an meinen Netzen
und wirfst Steine
aus meinen Mauern in den Rhein

zwischen meinen Zeilen
stehst nun lachend Du
erzählst mir freundlich-kleine Geschichten
und zeigst, wo in meinen Sätzen Kommas
fehlen

Du hast Dich endlich
bei mir eingeschlichen
perlst durch meine Träume
und Tränen lösen sich
wie Eiswürfel im Wasserglas

Ich spür´ den Sonnenschein
auf meiner Haut während ich
durch den Regen gehe
und ahne langsam was es heißt:

Ohne Gewissen,
endlich, unendlich glücklich sein.

Post für uns

Heute
werde ich
Deine Briefe nehmen
und sie in einem großen
Topf auf meinem Balkon
einpflanzen

Dort
werde ich
sie hegen und
gießen und pflegen

und
wenn wir beide
abends im Sonnenuntergang sitzen
bei einer letzten
Zigarette
einem kleinen
Glas Wein

dann
können wir uns
über die bunten Blüten
freuen

Eine Frage des Alters

Es zwackt in den Knochen
die Knie krachen
beim beugen
mein Rücken verweigert hin und wieder
schmerzlosen Dienst

Die Augen werden schlechter
jetzt muss ich näher heran
um Freunde zu erkennen
Die Ohren hören längst nicht
so scharf wie einst
zwischen den Tönen beißt´s nur selten schrill.

Jetzt braucht es
Kontaktlinsen
oder die Brille

und wenn die Feinde kommen
sehe ich den Schmutz unter ihren Fingernägeln.

Drei Tage

Der Flieger
hinterließ lediglich einen
Kondensstreifen im azurblau
aber hier blieben
Zuversicht und Besorgnis

Hinter den
frisch dekorierten Scheiben
bemühten sich Puppen
zaghaft um ein
wenig Existenz und Inhalt

Noch zogen
harte salzig-leere Spuren
durch fahle einheitsgraue Stadt-Gesichter
zeigten frisch verkennbar
Besorgnis und Zuversicht

Drei Tage nur
Sprachlosigkeit voll Stille
lediglich der Kondensstreifen im azurblau
füllte sich mit
Farbe und Inhalt

MANCHMAL

Manchmal kurz vor der Dämmerung,
– wenn es noch dunkel ist,
aber ich weiß, gleich kommt der Tag
gleich wird langsam alles heller und heller

Wenn bereits die ersten Zeitungsausträger,
Milchmänner und Bäcker ihre Runde drehen,
wenn in den Fabriken die Nachtschicht unter der
Dusche steht und die Frühschicht sich verstohlen in
ihre Pausenräume schleicht um die ersten Zigaretten
zu rauchen …

Manchmal kurz vor der Dämmerung
kurz bevor der Tag die Nacht ablöst,
wenn am Kiosk gegenüber die ersten Flachmänner
über die Theke wandern
und am Bahnhof die Penner aus den Toiletten
kriechen …

Manchmal kurz vor der Dämmerung,
wenn die Morgennebel
sich zwischen die Straßenzüge meiner Stadt krallen …
stolpere ich in meinen verschwitzten Träumen mit
wunden Füßen durch die Häuserzeilen und klaue mir
aus einem Briefkasten die Tageszeitung.

Ich weiß, gleich wird es hell
– und gehe wieder nach Hause
um einen Kaffee zu trinken.

Manchmal, kurz vor der Dämmerung
winde ich mich aber auch aus meinem Bett,
wandere ungeduscht und Zigaretten verschlingend
zum Bahnhof und gucke mir voller Fernweh den
Fahrplan an:

7.16 Uhr Hellas Express
8.25 Uhr Kopenhagen
9.02 Uhr Palermo über Innsbruck Rom Neapel

Ich will weg von hier jetzt, sofort.

Dann bin ich um 6.00 Uhr der erste Gast im
Bahnhofsimbiss, kurz vor der Dämmerung eine
verkommene Schmuddelkneipe
aber ich fühle mich wohl
im kalten, abgestandenen Zigarettenrauch
und in verschalten Bierausdünstungen.

Manchmal, kurz vor der Dämmerung
kommen hier die letzten Nutten vorbei
und waschen sich mit Asbach und Mariacron
die Schminke aus dem Gesicht.

Es ist Morgen ich freue mich
das gerade ich noch lebe.
Mit großen Druckbuchstaben
male ich unter das Plakat
der West-Marlboro-Lucky-Strike-Generation,
dass ich, gerade ich,
immer noch meine Zigaretten selber drehe

Manchmal,
morgens,
träume ich von goldenen Stränden,
grünen Pinien und Olivenhainen
Blütenschnee und Zitronenbäumen
träume von rubinrotem Wein
und bestelle in fließendem italienisch
irgendwo auf einer Piazza in Firenze

„alora, Luigi,
un bicchere di vino rossa, ancora, prego"

Um dann mit der roten Margret einen letzten Asbach
zu kippen. Wenn nun in meiner Stadt die großen
Kaufpaläste ihre Schleusen öffnen
dann
leiste ich mir ein neues, teures Deo
und ein neues Duschgel
trotte langsam wieder nach Hause
und lege mich stundenlang in die Badewanne.

Dem Schneck

Eine Schnecke männlichen Geschlechts
kurz gesagt: Ein Schneck
kroch durch dunklen Wald
Nicht mehr jung war er
doch auch noch nicht sehr alt
im besten Schneckenalter demnach
schleimte jedenfalls frohgemut des Weges,
da – plötzlich blieb er stehen
Eine alte Eiche stand auf seinem Pfad
und Schneck rief wütend
„Weiche Eiche"
Nun, jene tat
was Eichen bereits von Geburt
als gutes Recht begreifen,
festgewachsen, unverdrossen, wacker
blieb ehern sie an ihrem Ort
möglich wäre auch,
dass sie den Schneck nicht hörte
Mit bösem Grummeln
dachte unser Schneck nun nach
und kam bald zu wichtigem Entschluss
„Weichst Du nicht, Eiche, so weiche ich!"
kroch folglich um den Baum herum.

Selbstverständlich, auch wenn es mit Reimen hapert
hat diese Geschichte ´ne Moral:
Die Eiche weicht nicht doch ein Schneck voll List
schleimt um jedes Hindernis herum!

GERNE

Ich habe Dich gerne
in meinem Leben

denn

Dich zu mögen
Dich gerne zu haben
Dich zu lieben

heißt
Lieben können ohne mich
vor Dir oder vor mir
zu schämen, weil ich weiß
meine Angst
teilst Du mit mir
wie ich Deine Angst
mit Dir teile.

Wir brauchen uns nicht.
Und fürchten müssen wir einander nicht.

"Geisterstunde" Serie-A-Typie 32×20cm

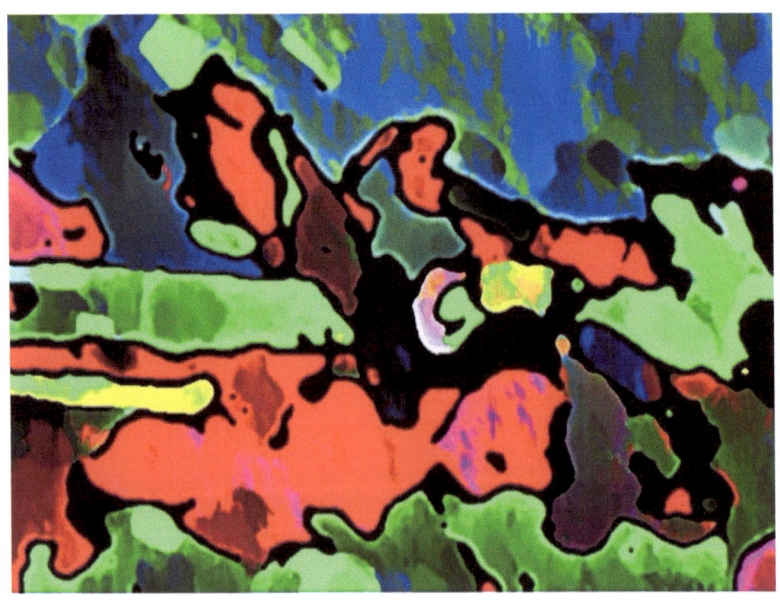

BLEIB DU

Du Liebste Dich
einfach nur sein lassen
ist ganz und gar nicht schwer
anstrengend oder kompliziert

denn
gewahr werden, erkennen,
dass du einzig du bist
sobald du ausschließlich bist
wer du bist
die empfindsam sanfte
die romantisch gefühlvolle
die feurig temperamentvolle
die ungezähmt heftige
traurige wütende
Seele die sich loszerren
und die liebe ruhige Seele
die sich schmeichelnd anlehnen will

Sei sicher Liebste
liebte ich nur Teile von dir
so liebte ich dich nicht teilweise,
sondern schlechthin gar nicht
würde versuchen dich zu stutzen
abzuknicken abzubrechen beschneiden
verkleinern wie einen Zierbusch in unserem Garten

Dich einfach nur sein lassen
ist ganz und gar nicht schwer,
anstrengend oder kompliziert

Es ist völlig einerlei
mit wieviel Vorbedacht oder Vernunft,
sondern mit wieviel Zärtlichkeit und
mit wieviel freimütiger Sehnsucht nach allem

was du bist wer du bist
nach der Glut
nach der Schonungslosigkeit
nach der Herzlichkeit nach dem Eigensinn
nach deiner Tatkraft nach deinem Missfallen
nach deinem Gefallen
nach jeder deiner Bewegungen
nach deiner ungebändigten Ungezügeltheit
nach Deiner steten Unstetigkeit
nach deiner unsteten Stetigkeit

Dann ist Dich
einfach nur sein lassen
ganz und gar nicht schwer,
anstrengend oder kompliziert

Gedanken beim Einkauf

heute Morgen
an der REWE-Supermarktkasse
vor mir in der langen Reihe
eine blonde Frau
schlank, zierlich, schmal
lange Beine
Knackarsch
halblange, glatte Haare

von vorne gesehen
strahlendblaue Augen
schmale, gepflegte Hände
ein breiter, sinnlicher Mund
als sei er stets bereit
zum lächeln, küssen

nett anzuschauen ist sie
diese Frau
ganz einfach
ein hübsches Bild
wie sie so da steht
in enger Jeans
T-Shirt

aber nicht mehr
als ein schönes Bild

Und schlagartig
bekomme ich Sehnsucht nach Dir
sehne mich danach
Dich in die Arme zu nehmen
Deinen Körper ganz warm
und weich bei mir zu spüren
Deine Haut und Deine Haare zu riechen
Deine Hände zu fühlen
Deinen Goldmund zu schmecken
Deine Stimme zu hören
mit der Du so herrlich tief
in meinem Bauch wühlen kannst
Deine Augen, blau
mit tanzenden braunen Pünktchen

Ich habe Sehnsucht
nach Deinem Witz
und
Deiner Ironie
nach Deinen Gedanken
nach Deiner Muffeligkeit
nach Deiner Freude
nach Deiner Intelligenz
nach Deinen wachen Blicken

Du
bist nicht nur schön
Du bist voller Leben
Du bist Wirklichkeit

Guten Tag?

Ich dachte noch …
heute Morgen
als der Tag sein graues Haupt erhob …

Naja,
jünger wirste nicht mehr, Tag …
nur schlappe 18 Stunden,
dann biste Geschichte
nun mach mal hinne

jedoch
als hätte er´s gehört
zieht er seine Zeit
wie ausgeleierte Gummibänder vor sich her …

Du

Ganz
tief in
meinem Inneren
in meinem Bauch
bildet sich langsam ein
Wort formt sich zum Gedanken
steigt gelassen bedächtig in mir empor
streichelt auf ihrem Weg jede einzelne Zelle
bleibt auf eine kurze Rast in meiner Kehle stehen

um
dann
schüchtern
zärtlich
lockend
wie
ein
Kuss

den Weg
aus meinem Mund
zu finden

DU

Warum ich sie liebe

Sie hat ganz still und leise, mit sanfter Hand
und strahlendem Lächeln die gute Laune und
das Lachen in mein Leben
zurückgebracht. Sie hält mich nicht fest
sie lässt mich und meine Freiheit und
sie freut sich über jede
gemeinsame Minute.

Und manchmal,
wenn ich in meiner überschäumenden Lebenslust
meiner sprudelnden Liebeslust
wieder einmal
und einmal mehr
rede und rede und rede

und mein Gehirn ganz weit
hinter den Gefühlen zurück bleibt

dann kann sie auf die Bremse treten,
dass meine Welt sich für ein paar Minuten
nicht mehr dreht
und ich nur beschämt
sagen kann

Verzeih

DIEBSTAHL

Menschen
die Feuerzeuge
stehlen oder unterschlagen
oder
gestohlene oder unterschlagene
Feuerzeuge
in der Handtasche mit sich führen
oder
gestohlene oder unterschlagene Feuerzeuge in Umlauf
bringen

gehören geteert, gefedert
und mit
Frühstücksentzug nicht unter
drei Morgen bestraft.

EINE BITTE

Als ich
heute Morgen
aufstand
mich sortierte
stellte ich fest
meine Sprache war nicht aufzufinden

Ach Liebste
kann es sein
vielleicht
du hast sie gestern
mitgenommen?

wenn du meine Worte findest
bring´ sie bitte schnell zurück
ich brauche jedes einzelne
um unsere Liebe zu beschreiben

NACHGEFRAGT

Ich hätte
so gerne schlechte Laune
denn heute
betrübt mich der Verlust
der Melancholie.

Mit ihr hatte ich
immer eine beständige,
vertraute Grundlage,
mir war klar,
was von den Menschen
und von meiner Umgebung
zu halten ist:
Nichts
und das ist noch zu viel

Nun
leuchtet die doofe Sonne wieder
ich bin wie verzaubert
zwinkere in den Schein
horche in mich
stelle mir die Frage nach dem Grund:
Was soll das?

Ich fühle mich einfach
ohne Anlass wohl.

AN DER ZEIT

Gegenwärtig scheint es mir
als ob heute der Tag für eine
Hand voller Verse ist
ein kurzes, kleines, griffiges
Gedicht, gefüllt mit zarter Liebe
oder auch
mit einer Einladung zum zweisamen Kaffeetrinken.

Vielleicht schlicht, jedoch
bedenkenlos beieinander miteinander sein.
Vermutlich könnte ich mich jetzt
auf den Weg machen
Schritt für Schritt in deine Richtung gehen
und dich diskret behutsam im Blick behalten.

Sachte, fast unmerklich und unauffällig
meinen Kurs ändern sobald ich dich sehe
auf dass es wie durch Zufall scheint,
wenn unsere Wege sich kreuzen
vor dem Supermarkt
Obwohlundgeradeweilwir
uns gar nicht verabredet haben

Jedoch der Tag möchte
eine Hand voller Verse
und eine Einladung
zum gemeinsam zweisamen Kaffeetrinken

Moritat vom Tod einer Zecke

Ein Zeckentier, mit Namen hieß es
Robespierre
auf einem Halm aus Gras
am Wiesenrain saß
und wartete dortselbst auf einen Hund.

So blieb es hier, das Zeckentier
Robespierre
Tagaus, Tagaus,
Tagaus, Tagein
Wochaus, Wochein,
vom Frühling bis zum späten Herbst.

Allein, es kam kein Hund vorbei
nur Füchse, Rehe, Hasen,
manchmal sogar Menschen.

Doch stur blieb dann das Zeckentier
ihr wisst schon, es heißt Robespierre
auf seinem Halm aus Gras am Wiesenrain
und wartete dortselbst auf einen Hund.

Es wurde Mai, August, Oktober
und niemals war ein Hund in Sicht.
Doch da, zwei Tage vor November
genau gesagt am 29sten Oktober
schritt stolz ein Hund vorbei.
Es war ein blonder Labrador
ein Rüde, um jetzt ganz genau zu sein.

Das Zeckentier – Robespierre – duckt sich
auf seinem Halm aus Gras am Wiesenrain
es nimmt gut Maß, es zielt und springt.

Pech gehabt, den Hund verfehlt.

Drauf klettert schnell zurück
auf seinen Halm aus Gras am Wiesenrain
Robespierre, das Zeckentier,
und spricht zu sich
Nun gut, der Hund war falsch
den treff' ich nicht
Drum schwenk' ich um
und warte auf ein Menschenbein.

Und wartet wieder
Tagaus, Tagaus,
Tagaus, Tagein
Wochaus, Wochein,
vom Frühling bis zum späten Herbst
und auch den ganzen Winter lang
auf seinem Halm aus Gras am Wiesenrain
Robespierre das Zeckentier.

Und eines Tages, Ende Mai
kam wirklich und wahrhaftig
ein langer Mensch vorbeigelaufen
an Robespierre, dem Zeckentier.

Wie bereits zuvor
im Oktober war es, wir erinnern uns
duckt sich, Robespierre, das Zeckentier
auf seinem Halm aus Gras am Wiesenrain,
nimmt Maß, zielt ganz genau,
springt und trifft,
landet wohlbehalten auf des Menschen Bein.

Nunmehr allerdings wird die schöne Geschichte sehr prosaisch. Denn was das Zeckentier Robespierre nicht wissen konnte, war, dass dieser Mensch nicht nur ein Läufer, sondern auch ein Säufer war. An jenem Tag hatte er sich wieder einmal eine ganze Flasche Korn mit einem halben Kasten Bier herunter gespült, so dass sein Blutalkoholwert um die 2,9 Promille lag. Pech gehabt.

Aber enden wir lyrisch:
Das Zeckentier
mit Namen Robespierre
sog und zog also Blut
in vollen Zügen.
Herrlich!
Doch vergiftete es sich
mit Alkohol und verschied.
Dies war das Ende!

Nur einsam wiegt im Wind sich nun
ein Halm aus Gras am Wiesenrain.

ALBERN

Nebenbei bemerkt:
Manche
halten mich für albern,
weil ich mein Handy
liebkose
nachdem Du
durch dieses
mit mir
gesprochen hast.

Ebenso
halten mich
Manche
für albern und wunderlich,
wenn ich den Sessel streichle
auf dem Du gesessen hast

Ich bin
der Meinung
es ist albern
und unsinnig,
wenn ich es
nicht tue

Morgens Dämmerung

Und sollte
auch nur eine Flasche
übrigbleiben,
von diesem Fest
der nimmermüden Gesellen:
Lasst sie stehen

Ein
zentralaustralisches Känguru
und der mittelafrikanische Löwe
werden den Messerwerfer
überraschen
noch vor dem letzten Schluck

Darum
sollte wenigstens diese eine Flasche stehenbleiben
Von diesem
feuchtfröhlichen Fest
der nimmermüden Gesellen!

Scherenschnitt

In der öffnenden Türe
bestrahlt von schartigen
Lichtresten aus Pastell
leicht nach vorne gebeugt
stehst Du

Ruhig, regungslos
still-nachdenklich
geradezu gläsern
zerbrechlich deine Silhouette
deine Augen, einwärtsgerichtet

Hier und jetzt will ich
rasten, verweilen, innehalten
geräuschlos sitzen bleiben
mich nicht bewegen
halte den Atem in mir

Du hebst schmunzelnd den Kopf
es huscht ein kleines feines Leuchten
in Deine Augen, auf Deinen Mund,
strahlt durch die Haut
funkelt im Licht

Wie lebendig Du bist

23.37 Uhr

Das Licht wurde fahl
bevor
es verschwand
und eimerweise
Anthrazitnacht
über Bürgersteige goss

Keine Sterne
kein Mond
nur vereinzelt blinkt
eine Leuchtstoffröhre
in deren Schein ich
Deine Silhouette sehe

sag nichts
frag nichts
mit unserer Nähe
lass uns jetzt
glücklich sein

Am kleinen Wagen

Ein
ungeschminktes,
offenes
Wort
aus Deinem Mund
hat den Weg zu mir gefunden:

Gelassen
vertrauensvoll
und ohne Furcht

Kurzerhand
und ohne
zögerliches Bedenken
sandte ich Dir
auf direktem Weg das meine:

Frei von
abwägender Sorge
arglos und ohne Scheu

"Die Haie warten schon" Serie-A-Typie 30x30cm

Hausputz

Mein Kopf ist eine übergroße Lade
voller angefangener Notizen
vergilbter Fotografien
und ausgeleierter Tonbandkassetten

neben verstaubten Seiten
stapeln sich Träume und Filmstreifen
Andenken aus vergessenen Urlauben
dazwischen Blätter an einen
längst vergessenen Frühling

zwischen ausgebrochenen Stiften
leer geschriebenen Kugelschreibern
und eingetrockneten Tintenfedern
liegen begonnene Briefe und
nie geschriebene Tagebuchnotizen

unter einem Tümpel aus Zähren ertrinken
ungedachte Gedichte und stumme Lieder
nie ersehnte Begierden und
zerkratzte Langspielplatten

im letzten Winkel schließlich
windet sich die Furcht
zwischen Kaffeefiltern und
abgebrannten Räucherstäbchen
vertrockneten Zigaretten und
dem grenzenlosen Optimismus

Aushänge, Tickets, Wochenkarten,
Kastanien, Eicheln Freimarken, Legosteine
eine kaputte Spieluhr, Jackenknöpfe
mittendrin eine überflüssige Ideologie
unsortiert – abgelegt – abgestreift

Der Kopf ist eine übergroße Lade
Heute ist es an der Zeit
für den großen Hausputz

¼ VOR NEUN

Es ist wohl immer noch Krieg
irgendwo im Ausland
oder hinter den sieben Bergen

dabei ist es schon viertel vor neun
und sie ist noch nicht hier
obwohl sie gestern gesagt hat
pünktlich um acht

wo sie bleibt, warum sie nicht kommt

45 Minuten ist schofelig
und bestimmt nicht fair
gerade weil sie weiß,
das irgendwo im Ausland
oder hinter den sieben Bergen
immer noch Krieg ist

WIEDER EINES

Unbestritten:
es hat Nachteile,
wenn man älter wird

die Zähne und Beine werden wackelig
die Augen sehen nicht mehr so scharf
in den Knochen zwackt und zwickt es
und Leben und Arztrechnungen sind teurer

aber
es hat ebenso seine kleinen Vorteile
denn man hört nun nicht mehr jeden Dackel
vor der Türe heulen

SPRÜNGE

Damals lachtest Du
als ich sagte der Fluss ist viel zu breit
und Du sagtest
so lass uns einfach
übers Wasser gehen.

Später lachtest Du
als ich sagte der Berg ist viel zu hoch
und Du sagtest
so lass uns einfach
schweben lernen.

Später lachtest Du
als ich sagte die Täler sind viel zu tief
und Du sagtest
so lass uns einfach
über Schluchten hüpfen.

Heute stehst Du
auf halber Treppe und Du sagst
die Stufen sind viel zu hoch!
Und ich sage: lass uns einfach
über Stiegen springen.

ZEIGEN

Vortreten, Dich zeigen, hervortreten
aus der Vorgartensippe
mehr als ein Baumschatten sein
mehr als Schreibtischdekoration
mehr als Serienexistenz
ist nicht leicht

Vortreten, Dich zeigen, hervortreten
in die gleißenden Scheinwerfer der Furcht
in die Zweifelhaftigkeit
in die Missverständnisse
und die Denkfehler
ist nicht leicht

es quält, es tut weh, es peinigt
wie dein gequetschter Fuß
wie die geklemmte Hand
wie Koliken oder wie Krämpfe

dessen ungeachtet gehst Du
vielleicht nicht senkrecht
vielleicht stark gebeugt
aber nach vorne
gehst Du
zum ersten Mal

Alleine dies ist entscheidend

THEATERPLATZ

Imbiss in der Innenstadt.
Am Eingang
Spuren weniger Besucher,
nasse Stapfen auf grauen Fliesen
langsam trocknen sie weg.

Das Jahr ist absehbar geworden
ersichtlich wie die
abgezählten Fritten auf dem
porzellangrau des Papptellers.

Zum Beispiel der Frühling:
Erinnert ihr seiner
strahlenden Versprechen?
Verhieß uns glasblaue Luft
sonnengeschwängerte Tage
voller Lust im
rotschwarz schimmernden Abendlicht.
Alter Lügner.

Der Sommer war weniger
als ein Wimpernschlag
erstickte mit
grünlichem Grau
verregnete Tage.

Wie gerade dort
an edelstählerner Theke
ein Rentner
oder der nasse Pudel
vor dem Imbiss:
So schüttelte er Tropfen in unsere Wochen.

Fast ist dieser
Herbst bereits Winter
zieht wie ein Schnellzug vorbei
geschoben vom Wind
tanzen fahlgelbe Blätterkaskaden
über den Fußweg.

Ende.

Nachsatz:
Die Fritten sind immer zu heiß
Und die Currywurst?
Ertrinkt in roter Sauce.

KLEINE FREUDEN

Königlich und prächtig erhaben
achtunggebietend würdevoll
mit stolzgeschwellter Brust
wallte der vielfach preisgekrönte Roman
vorbei am arrangierten Defilee und Hofstaat
der geladenen Claqueure aus Literatur und Politik
eine breite Freitreppe aus Ehrungen herauf
um sich gebührend feiern zu lassen.

Auf der letzten Stufe jedoch
die Mikrophone des kritikalen Olymps
bereits in Sicht, die Hitze der
Scheinwerfer spürend
geriet er ins Stolpern
und fiel

während aus dem Hintergrund
leise das diskrete Kichern
von zwei ganz kleinen Vierzeilern
zu vernehmen war.

DEPRESSION

Der Tag graut
dunstig und hüllenlos
kauert die alte Stadt
im Nieselregen
neben dem trägen Fluss
geräuschfressende Stille
Augenblicke tröpfeln
an Stunden vorbei

Wohnsilos blicken starr
mit tausend entseelten
gläsernen Augen
ins Nirwana
einsame Wege laufen
ins Endlose
Unergründliche

Weinende Seelen
reflektieren sich
in schwarzpolierten
Elendlachen

Es ist
Sonntagmorgen

UND DU

Und Du?
Munterer Dichter – was treibt Dich?

Stampfst forschen Schrittes
durch die grünenden Wege
des Lebens, trampelst furchtlos
auf frischen Pfaden
noch zarte Sprossen nieder
sammelst Worte und Zeilen …

Aber die Busse fahren heute pünktlich

AB MORGEN

Ab morgen, Mittwoch,
werde ich freundliche Dinge tun,
ehrliche, wahrhaftige Dinge

Zum Beispiel
einen unbeschönigten Brief schreiben
an jemanden oder
arglos Leute ansprechen,
auf der Straße mit ganz fremden Menschen reden

Ab morgen, Mittwoch,
werde ich freundliche Dinge tun,
ehrliche, wahrhaftige Dinge

Nicht fortwährend Erziehung vorgeben,
Besonnenheiten, Rücksichten
oder Besserwisserei

zum Beispiel werde ich beiläufig
ein Kind vorgehen lassen, an der Kasse
im Supermarkt, ein Kind, warum nicht,
wer soll mir vorschreiben, soll sagen
Das darfst Du nicht

Ab morgen, Mittwoch,
werde ich die Befindlichkeiten
Überlegungen, Schicklichkeiten
hintan stellen zum Beispiel

kann ich einen Freund anrufen
ihn fragen,
warum meldest Du Dich nicht

Den falschen Hochmut in die Ecke legen,
den unechten Stolz im Garten hinter dem Haus
vergraben
und in den Schubladen meiner Kommode nach dem
wahren suchen,
falls es ihn gibt

Ab morgen
werde ich nur noch freundliche Dinge tun,
ehrliche, wahrhaftige Dinge

Oh, ich sehe auf dem Kalender:
Heute ist erst Donnerstag.
Na dann – habe ich doch ein paar Tage Zeit

Mein Weltbild

Ist jemand älter als ich
so ist er ein Greis
während dagegen
jüngere Menschen nur
ganz grüne Quietscher sind

Ist jemand länger als ich
so kann es nur ein Hüne sein
während dagegen
kleinere Menschen nur
Knirpse sind

Es mag ja sein, vielleicht,
dass manche Menschen
schneller sind als ich
– schludrige Unruhestifter, bah –

Es mag auch sein, vielleicht,
dass manche Menschen
langsamer sind als ich
– lahme Krücken, bah –

Vielleicht sprechen manche
Menschen lauter als ich
– aufdringliche Schwätzer, bah –

Vielleicht hört jemand besser zu
– meinungslose Gesellen, bah –

So ist mein Bild von dieser Welt
wer sich daran nicht hält,
den tret´ ich kurzerhand vors Knie
und rede jetzt gleich weiter:
exakter arbeitest Du als ich
– spießiger Kleingeist
nachlässiger vielleicht als ich
– dilettantischer Chaot
beschwingter
– alberner Tropf
ruhiger
– trübsinnige Funzel
hast mehr erreicht
– freudloser Dummkopf
hast weniger erreicht
– einfältiger Pinsel

So bleiben jetzt zum echten Schluss
ein paar, die fast annähernd
(aber wirklich nur fast)
ähnlich sind wie ich
dazu sage ich voller Wut:
Reproduktionen !!!
Nichts als minderwertige,
miserable, faule, muffige, beklagenswerte,
abscheuliche, niedrige, jämmerliche,
traurige, schändliche
Plagiate!!!

FORTSCHRITT

So ist
Fortschritt:

Das
Buch der sieben Siegel
wird
zur Karte mit
tausend Löchern

DAS STREIFENHORN

Das Streifenhorn in seinem Baum
sitzt ganz entspannt im hier und jetzt
es hatte kürzlich einen Traum
von Kiefernzapfen, Haselnüssen
doch hat es unterdessen
vergessen

Wo es sein Vorratshaus gebaut!

WINTERMORGEN

Stockend schiebt sich
aus glimmendem Feuer
schwarzer Rauch
über Dächer
verquirlt zu Wolken

grotesk tanzende Figuren
malen den Himmel
dunkelgrau
verschwimmend
schattierend

schmutziges Weiß
verliert sich
zögerlich, allmählich
in blauem Nichts

Uns bleibt nur:
Wir haben gesehen

DEN TAG GEWINNEN

Den Tag gewinnen
zwischen Rotwein und Kaffee
zwischen Abend und Morgen
ganz einfach:

Überleben

Selbst im kleinen Finger
noch Mut beweisen
zwischen Bäumen umher
wie die Eichhörnchen
rauf und runter
immer auf der Suche nach dem
was ich schon lange vergessen
ganz einfach:

Überleben

So wächst jetzt
zwischen meinen Haaren
eine breite starke Krone
soll sie mein Schutz sein
vor fallenden Gedanken
lässt mich ganz einfach:

Überleben

"Eis essen" Serie-A-Typie 32x20cm

EISCAFÉ

Mein Kaffeebecher zerbarst.
Außerstande, ihn für sich zu behalten,
übergab er seinen Inhalt dem Tisch.
Meine Hand und ich schreckten zuckend.

Unterdessen lächelte die Dame am Nebentisch
griff nach ihrem Eis-Pokal
"Vesuv Lampone con Pepe"
um zufrieden und in sich gekehrt den Löffel zu heben.

GESTERN

habe ich das alte Jahr zu Grabe getragen
doch kaum war es unter der Erde
stand bereits ein neues in der Tür
setzte sich fett und dreist
an meinen Tisch
und
will gelebt werden

dabei war ich so froh
das eine überlebt zu haben
wie soll ich nun

ein weiteres schaffen?

BIN SO MÜDE

Der Wein versickert
tief in meiner Kehle
und lässt mich endlich lachen
ein Geisterlachen
über meiner Krüppelseele

Ich werfe Wörtersamen,
einzelne Silben in die Luft
puste, blase, hoffend, sie verteilen sich
wie der Löwenzahn im frühen Jahr
seine gelben Blüten leuchten lässt

Von meinem Banjo
klimpern leise Töne
tropfen durch den Wein
rückwärts hoch in mein Gehirn
wo sie in Moll zerplatzen

Seht fort
ihr Freunde – haltet mich
Geht fort – lasst mich
trinken und dann schlafen

PARTYGEFLÜSTER

Der da
ist mit
dem da
und die da
ist mit der da
da der
ist mit
da, der da,
da der
mit der
da ist,
dagegen die da,
da
die ist da mit der, da
weil die da
die sah
wo der da
den sah
und
die da
da war
dort da,
das da
darf der
da
dort da
dann da da
die da

denn der da
der sah
die damit der da
als die da
noch dort war …

denn
der da
darf mit
der da
und die da
darf mit dem da
und da die
darf mit
da,
der …

Aber ich hab´s nicht gesagt
Nein, ich hab's nicht gesagt,
nein, ganz gewiss habe ich es nicht gesagt,
wie kommen Sie denn jetzt nur darauf?

Die Kritiker

Bin
inmitten von Zeilen
gefallen beim Schreiben
abgestürzt, gesunken und
hänge verstört
zwischen den Linien

Unten
sehe ich sie stehen
in der Menge
Hufe scharrend,
Füße erhoben zum Sprung
verlangend die Hände bereit
sie warten, lachen, schwätzen, geifern
gierig den billigen Triumph
zu greifen

(Und die ausgemergelten unter ihnen, die, die früher
heftig Schulter klopften, damals, als sie dachten, sie
könnten wie die Vampire saugen
und sich an mir mästen, – gerade die sind am
begierigsten.)

Doch ich steh immer wieder auf
und schreibe meine
Schlagzeilen selbst

11 Fragen

Bin
ich Kerze, wenn ich brenne?

Glimmere ich?
Flimmere ich?
Flackere ich?
Leuchte ich?
Funkle ich?
Strahle ich?
Knistere ich?

Und
wenn ich
verbrannt bin

Bin ich Licht?
Bin ich Wärme?
Oder nur ein
Häuflein Asche?

VORWÄRTS

Es ist zu eng
in meinem Hirn
vor meiner Stirn

Es ist zu klein
in meinem Herz
vor meinem Bauch

Es ist zu schmal
auf meinem Weg
auf meiner Straße

Gebt mir was
scharfes, dünnes, schmales, langes her
lasst mich jetzt schneiden, schieben, stechen, bohren
ich will hier durch
ich will hier weg
ich will dort hin

DENKMAL

Bin mir fremd geworden
finde mich nicht mehr
starre volle Wände an
sehe dort nur Leere
sitze eingemauert, festgefroren
weiß nicht wo ich suchen soll
ob ich suchen soll
und mag mich nicht bewegen.

FLIEGEN

Die alte Pappel
neben meinem Haus
wirft ihre ersten
Blätter ab.
Sie fallen, segeln,
tanzen taumelnd
im Wind.
Im vorüberfliegen
ergreife ich eines
mach´ mich ganz klein
begreifend jetzt
Blatt und Flug
segle ich
mit ihm davon
genieße voller Lust
und Freude
mit staunend
fröhlichen Augen.
Nach der Landung
eile ich auf großen Füßen
mit riesigen Beinen zurück
denn wie ein Kind
auf dem Karussell

möchte ich diese Reise noch einmal erleben.

ZURÜCK

Bin müde,
schwimmend gegen den Strom
weit im Dunst
unter dichten
Wolken verborgen
mehr ahnend,
vermutend,
ratend
liegen die Quellen

ENTTÄUSCHUNGEN

Ist man auf etwas sehr begierig
und wartet darauf richtig fiebrig,
weil man sich davon viel verspricht
so geht es oftmals in die
Binsen

Wenn man zum Beispiel ganz gezielt
auf ein dickes Steak mit Zwiebeln schielt
so gibt´s statt dessen

Linsen

END-SPANNUNG

Frieden tanzt zwischen den Häusern
während am Straßenrand und in den Anlagen
Kinder begeistert Mord spielen.
Auch dieser müde Tag
ersäuft im silbrigen Schein
des guten alten Mondes.

Nein, ganz sicher: Ich mag jetzt keinen Wein
Maden und Würmer verkriechen sich in Büchern,
fliehen aus der Dunkelheit in das Schwarz der Lettern.
Abgehangen, dieser Tag, gepökelt, gereift im Rauch
verqualmter Zigaretten

Nein, ganz sicher: Ich mag jetzt keinen Wein
Die Stadt versteckt sich hinter den Dächern
verschwindet erschöpft in Einbahnstraßen,
Sackgassen und Parks
Ein erstes und letztes Gespräch zwischen Nacht und
Tag
damit ja die eine weiß, was der andere tat.

Nein, ganz sicher: Ich mag jetzt keinen Wein
Vor und durch die Sonne knattert der Abendzug nach
Rom ich verstecke mich im Schatten
der überfüllten Waggons komme hier zur Ruhe, sitze
entspannt und rufe nach dem Kellner:

Doch, jetzt möchte ich eine Tasse heißen Tee

Spurensuche

Aufgewachsen
bin ich
zwischen Mauern

Zertrümmert
habe ich die Steine
schon sehr lange

doch ihr Muster
trage ich weiter
auf meinem Rücken

HALT

Stopp-Schild
vor dem Hirn

Betreten verboten
vor dem Bauch

abgestecktes Gebiet
streng gezogene Grenzen
verschlossene Eingänge
verbarrikadierte Ausgänge
Wahnsinn
hinter verrammelten Mauern

In der
Außenwelt
tobt ungeheures Leben
drinnen
niedlich liebliche Beschaulichkeit
und wir tragen Filzpantoffeln

WER ERNTEN WILL, MUSS SÄEN

Frühjahr nun,
die Fröste sind vorbei
und langsam
beginne ich zu graben
lockere den Boden
ziehe Furchen
steche Löcher
in die lockere
Erde

und hinein kommt stets ein
Körnchen Wahrheit
aus dem letzten Jahr

Im Sommer will ich sehen
wie sie Blüten treibt
als breites Feld
im Herbst
will ich ernten
für den Vorratsschrank

um im Winter stets ein wenig
Wahrheit
auf dem Tisch zu finden.

Situationsbedingt

Manche
gehen in
ihrer Arbeit
auf
wachsen, gedeihen, blühen

Andere
gehen in
ihrer Arbeit
unter
vertrocknen, verdorren, verblühen

Die meisten jedoch
bohren sich
wie
Löwenzahn, Wegerich, Gänseblümchen
verzweifelt zur
Oberfläche

BEENDEN

So
habe ich es mir geplant geträumt:

Früher, demnächst oder später
am Ende eines Zeitmaßes
möchte ich alle Verantwortlichkeiten abgeben
mich befreien und in milder Isolation verbergen
den Pflichten eine Windhose überstreifen
und um Vertrauen nicht trauern

So
hatte ich es mir geplant, geträumt

indessen
ich muss aussichtsloses erlaufen und Abstände
reduzieren weil meine Engel nicht schweben
sondern schlotternd
an roten, rasend rostenden Laternenpfählen
schaukeln

indessen
werde ich umfassend fernbleiben
mir selbst vergeben dem Zorn nun Stille schenken
und jedes Jahr erneut Zögern darstellen

so werde ich alles nie endende
beenden

Fallen

Bewahren
möchte ich mein
kindliches Gemüt

laufen
fallen aufstehen
wieder laufen

und hoffe
meine Beine
werden niemals alt

MISSVERSTÄNDNIS
oder: Wie ein Beruf entstand

Als Gott
den ersten Stein
warf

da erst
fiel ihm auf,
dass er im Glashaus saß
Und
er merkte

er war zwar
Gott
nicht aber göttlich
denn
er machte Fehler

und so schuf er am achten Tag den Beruf des Glasers

TANZ VOR DEM VULKAN

Wir wollten die Sonne küssen
doch im Wind vor den Bergen
war der Himmel noch höher
und so blieb uns der mutige Tanz
vor dem Vulkan

NÄRRISCH

In der Lautlosigkeit
schwelgen
Gelassenheit knabbern
Phantastisch
Wie Mittwochmorgen
Wasserduft über die Wiesen zieht
Einatmen

Bunte Schmetterlinge erwachen
Flirten
Mit Tränen auf Bäumen
Närrisch

Vor Glück

FRAGEN

Meine offenen Fragen
schlug mir ein
gemeiner
Windstoß
um die Ohren auf den Boden

Während ich mühsam die
verstreuten Worte zusammensuchte
schwemmte ein warmer
Frühlingsregen sie fort

Und doch: Es war Herbst
die Buche vor dem Haus hatte soeben
ihren Striptease beendet!

In Florenz wäre vieles anders

Vorhin, dem Wind trotzend
vor dem Café,
weil ich mir die Zigarette
zum Espresso nicht verbieten lassen will,
eilige Menschen, abgetretene Schuhe,
Einkaufstaschen, Trippelschritte
zwischendurch
ein Straßenverkäufer mit der Obdachlosenzeitung
der mich um Feuer und 'nen Euro bittet
und wie selbstverständlich
jener alte Marokkaner im Anzug
mit Krawatte und blankgeputzten Schuhen
auf der Suche nach seinem Sohn
der bereits vor Jahren
unserer Stadt den Rücken kehrte
und zurück in eine Heimat ging
die er bisher nur aus Erzählungen kannte.

Dieser Herbst ist grau
lediglich gefallene Blätter bringen Farbe in den Tag
und trotzdem riecht's nach Schnee
während die Dame im Café sich die Nase pudert.

Jetzt möchte ich mir
eine Handvoll Poesie aus dem Tintenstrom
des Füllers saugen
doch jener antwortet mit einem dicken Klecks.

Annähernd absichtslos wandern meine
Blicke über Platz und Straße
um festzustellen

Bonn bleibt doch Bonn
aber heute in Florenz?
Wer weiß schon
ob's anders wäre.

WANDERNDER BEGLEITER

Mond
meine alte Laterne
silberner Gedankentröster
Dich hab ich lange nicht gepriesen
lange nicht besungen

Erschienen bist Du
über meinen Fluchten
Lebenszeiten habe ich
mit Dir durchstreift
stets lächelnd wie ein frisch geschärftes Messer
betrachtet die versammelte Gemeinde
meine applaudierende Unschlüssigkeit

Nein
Du alter Freund
ich wende mich nicht zurück
zum Himmel meiner Kinderwünsche
versuche nichts zu flicken, restaurieren
meine streunenden Träume und Gedanken
lass´ ich weiter schweifen, wandern

Ja, mein alter Freund
Ich hab´ den Platz gefunden
und in fortwährender Veränderung
Ergänzungen erkannt unter
Deiner launisch-silbrigen Lampe

Straßen
sprießen, gedeihen, wachsen
unter schmeichelnd weichen Licht

Am vergangenen Tag gemalte Plakate
sprechen eine neue Sprache

Aber ich?
Ich lerne meine
eigenen Worte
hören, lesen

KREIDE

In der
Apotheke
um die Ecke

gab es heute
zum Vorzugspreis

Tabletten mit Kreide

Der Wolf
heiser gekläfft
kaufte gleich tütenweise

"Man will ja etwas Vorrat haben"

und sprang
dann in
den stillen
See.

"Wo ist die Pointe
dieser Zeilen",
fragt der Jäger
ganz erstaunt

Vorübergehend hat sie sich verzogen

"serata al visovio" Serie-A-Typie 32x20cm

BEVOR ICH MICH VERSAH

Mit einem leisen,
nahezu unhörbaren Plopp
zerplatzte mir die geträumte Seifenblase,
hinterließ auf dem Boden lediglich wenige
verwaschen-flüchtige Spuren.
Der nächste schnelle Regenschauer wird diese
beseitigen.

KERZENGERADE

Kerzengerade
läufst Du durch den Abendwind

Deine unerfüllten Wünsche
Deine nicht gewagten Träume
die Erniedrigungen
die Demütigungen
die Ablehnungen
die Schmerzen
die Bitternisse
die Schläge
die Qualen

Mit einem Lächeln
steckst Du alles schlechte fort
schiebst es weit
hinter den Horizont
bist ausgeglichen
stark

Und ich frage mich
wohin
fließen Deine Tränen
die Du niemals weinen willst

ich hoffe, sie werden nicht
eines Tages zur großen Brandung
und überschwemmen Deiche
über die Du kerzengerade
wie ein Leuchtturm wachst

DICHTER ...
sind andere auch nicht!

Hab doch grade ein Gedicht geschrieben,
allein, es fehlt der Reim ...

Der Reim, der alles stimmig macht
und dadurch erst die Brücken schafft,
der zwischen allen Zeilen
einlädt zum Verweilen,
der Reim gibt meinen Worten wirklich Kraft!

„Keine Panik" geht´s mir durch das Hirn
Reime gibt es viele, irgendwas passt hier schon hin
So greif´ ich in die Luft und finde „ist"
das reime ich auf „Mist"
die erste Strophe ist gleich voll
okay, klingt jetzt nicht so toll
drum nehme ich noch schnell „Du bist"!

Alles super, ging nun wirklich schnell,
ich bin ein Dichter, auf mich wartet die Bücherwelt!

Sofort noch einen nachgesetzt
einen der so richtig fetzt
der muss jetzt die Zeilen retten
und die groben Löcher glätten
vielleicht heißt der Reim „entsetzt"?

Okay, genug, das klappte wirklich gut
ich bin begeistert, ziehe geistig meinen Hut.
Und bevor ich´s mir anders überlege
greife ich zur Zeilensäge
nehme als Wort erst „Überschall"
drauf setz ich einen „Wartesaal"
den ich jeden Samstagabend fege.

Drei Strophen waren gar nicht schwer,
ich bin ein Reimer darauf der letzte Vers,
dann ab damit, schnell in den Abfalleimer!

So schaffe ich Gedichte Tag für Tag
und wenn ein Wort dies gar nicht mag
dann sag ich nur: „Du reimst Dich jetzt,
sonst wirst Du hurtig ausgemerzt!"

Zum Abschluss

In jedem Jahr
zum Ausklang einer Zeit
kurz vor Sylvester
nehme ich all jene Worte
die ich nicht mehr brauche
und die meine Hirnwindungen
mit überflüssigen Ballast verstopfen

die mich
ärgern
stören
belästigen
hemmen
einengen
hindern
beißen
quälen
schlagen
peinigen
foltern

zerlege diese Worte in
ihre einzelnen Buchstaben
und fülle sie in einen Filzstift

Und in der erstarrten Nacht
kurz vor Sylvester,
wenn die letzten Kneipen
geschlossen sind,
wenn Stadt und ihre Bürger schlafen
dann wandere ich durch menschenleere
Gassen zwischen kahlen

Häuserwänden entlang
und verteile meinen Buchstabensalat
auf Mauern

Bisweilen
ergibt sich in
diesen Momenten
ein neues Wort
vielleicht mag ich es jetzt behalten
Mit dem Rest
können andere glücklich werden …

INHALT

Peter Reuter, der Versuch eines Vorworts . 5
Vorläufiges Ergebnis 7
Kurzer Aufenthalt 8
Moment 9
Wolkenspiel 10
Optimismus 11
Ein Buchenblatt 13
Unentschlossen 15
Abendrot 16
Frühling 17
Seltsame Begegnung 18
Grün, schwarz-weiß gemalt 21
Melancholie 22
Gänseblümchen 23
Der Traum 24
Gefundene Antwort 25
Nach dem Gewitter 27
Kaffeezeit 28
Angebrochen 29
Ende – Anfang oder … 30
Lost in September 31

Gewitter	32
Aufbruch	33
Vorwärts	34
Willkommen	35
Maikäfer	37
Der Sommer kommt	38
Suchend	39
Heimkehr	40
Ein Tag	41
Aussicht	42
Sturmwind	43
Sommerregen	44
Plittersdorf	45
Die Raben	46
Geschichten	47
Open-Air	48
Am Fenster	49
Abendstimmung	51
Intermezzo	52
Wachsend	54
Montag	55

Schade	56
Drei Tage	57
Halb sechs im Stadtpark	58
Ebbe und Flut	59
Kein Gedicht	61
Ich bin so frei	62
Askese	64
Geschmackvoll gekleidet	65
Robespierre	66
Ein voller Erfolg	69
Sonntags	70
Katalogleben	72
In den Norden	73
Wechselblüter	75
Krieger	76
Briefmarken und Kronkorken	79
Berufsplanung	81
Abwärts	82
Viel Erfolg	84
Manche Fliegen	85
Alles was Du sagst …	86

Täglich	88
Duckmäuser?	89
Abends am Rhein	91
Reumütige Betrachtung	92
Dienstagabend	93
Abend rieselt leise	94
Der Maulwurf	96
Nächtliche Reise	97
Hallo	98
Gemüsebauern frühstücken anders	99
Hömma	101
Subversive Pastellpigmente in Honig und Senf	103
Das Weibsbild aus Daun	105
Morgen?	107
Bad Tölz	109
Geträumt	112
Mahlzeit	113
Farbe	114
Besser als der Blues	115
Warten	117
Eingeschlafen	118

Das wäre toll	119
Zeiten	120
Entfernungen	121
Unendlich befreit	123
Warum sollte ich	124
Zwischendurch	126
Angefangen	127
Erfassen	129
High Noon	131
Glück	132
315.360 Pulsschläge	133
Glücklich	136
Eingeschlichen	137
Post für uns	138
Eine Frage des Alters	139
Drei Tage	140
Manchmal	141
Dem Schneck	144
Gerne	145
Bleib Du	147
Gedanken beim Einkauf	149

Guten Tag? 151
Du 152
Warum ich sie liebe 153
Diebstahl 154
Eine Bitte 155
Nachgefragt 156
An der Zeit 157
Moritat vom Tod einer Zecke 158
Albern 161
Morgens Dämmerung 162
Scherenschnitt 163
23.37 Uhr 164
Am kleinen Wagen 165
Hausputz 167
¼ vor neun 169
Wieder eines 170
Sprünge 171
Zeigen 172
Theaterplatz 173
Kleine Freuden 175
Depression 176

Und Du	177
Ab Morgen	178
Mein Weltbild	180
Fortschritt	182
Das Streifenhorn	183
Wintermorgen	184
Den Tag gewinnen	185
Eiscafé	187
Gestern	188
Bin so müde	189
Partygeflüster	190
Die Kritiker	192
11 Fragen	193
Vorwärts	194
Denkmal	195
Fliegen	196
Zurück	197
Enttäuschungen	198
End-Spannung	199
Spurensuche	200
Halt	201

Wer ernten will, muss säen	202
Situationsbedingt	203
Beenden	204
Fallen	205
Missverständnis	206
Tanz vor dem Vulkan	207
Närrisch	208
Fragen	209
In Florenz wäre vieles anders	210
Wandernder Begleiter	212
Kreide	214
Kerzengerade	217
Dichter …	218
Zum Abschluss	220